Knaur.

Über die Autorin:

Maria Klein, geboren 1957, arbeitet seit dreißig Jahren als Partnervermittlerin und ist Inhaberin einer eigenen Agentur mit Sitz in der Schweiz und Niederlassungen in Deutschland. Sie ist in der Branche die Einzige, die in der Öffentlichkeit über ihre Erfahrungen spricht. Als Expertin für Beziehungsfragen ist sie regelmäßiger Gast in Funk und Fernsehen.

Maria Klein

Die Liebe findet jeden

Eine Partnervermittlerin erzählt

Knaur Taschenbuch Verlag

Besuchen Sie uns im Internet:
www.knaur.de

Originalausgabe Mai 2010

Ein Unternehmen der Droemerschen Verlagsanstalt
Th. Knaur Nachf. GmbH & Co. KG, München

Redaktion: Yvette Andres, Konstanz
Umschlaggestaltung: ZERO Werbeagentur, München
Umschlagabbildungen: FinePic®, München; Jens Sauerbrey
Satz: Adobe InDesign im Verlag
Druck und Bindung: GGP Media GmbH, Pößneck
Printed in Germany
ISBN 978-3-426-78359-7

2 4 5 3 1

Prolog

Ich traf Bernd an einem ungemütlichen Novembernachmittag in einem kleinen Café in der Konstanzer Innenstadt. Er hatte mich einige Tage zuvor angerufen und um einen Termin gebeten. Am Telefon hatte er mir erzählt, dass er seit einiger Zeit alleinstehend sei und sich nun wieder eine neue Beziehung wünsche. Er klang sehr sympathisch und aufgeschlossen, und ich war mir sicher, dass ich etwas für ihn tun konnte.

Dieser Eindruck bestätigte sich, als ich das Café betrat, wo Bernd bereits auf mich wartete. Ein dunkelhaariger, sportlich wirkender Mann um die 40 erhob sich und begrüßte mich freundlich. »Frau Klein, wie schön, dass es geklappt hat. Es freut mich, Sie kennenzulernen.«

Wie so häufig wunderte ich mich auch jetzt wieder, warum gut aussehende und charismatische Männer wie er den Dienst einer Partnervermittlerin in Anspruch nahmen.

Aber eigentlich wusste ich es ja schon längst: Die meisten von ihnen waren beruflich sehr eingespannt und häufig unterwegs, hatten vielseitige Interessen im sportlichen oder kulturellen Bereich und suchten eine Frau, mit der sie diesen Aktivitäten nachgehen konnten. Auch in Bernds Fall stellte sich heraus, dass seine Ansprüche an die künftige Frau sehr hoch waren. Es war ihm ein Anliegen zu heiraten und eine Familie zu gründen, mit Haus, Hund und Garten, eben allem, was dazugehört.

Im Lauf unseres Gesprächs beschrieb er mir die Partnerin, die er sich wünschte: Sie sollte zwischen 30 und 40 Jahre alt sein, intelligent und witzig und unbedingt reisefreudig, denn er war sehr häufig unterwegs. Darüber hinaus war sein größter Wunsch, eine Frau zu finden, die seine Liebe fürs Theater teilte – Drama, Komödie und Kammerspiel faszinierten ihn gleichermaßen, und so war es nicht weiter verwunderlich, dass er seit Jahren schon ein Abonnement für das Züricher Schauspielhaus besaß und fast nie eine Aufführung versäumte.

Nach meinem Gespräch mit Bernd überlegte ich, welche meiner Klientinnen ich ihm wohl vorstellen könnte. Auf Anhieb fiel mir Ines ein, die seiner Beschreibung sehr nahe kam. Sie war 36 Jahre alt, sehr attraktiv und arbeitete als OP-Schwester im Krankenhaus. Sie hatte eine fünfjährige Tochter, fand aber trotzdem die Zeit, ihren vielseitigen Interessen nachzugehen, zu denen auch Oper und Theater gehörten. Ein Volltreffer also, dachte ich, und so machte ich Ines und Bernd miteinander bekannt.

Die beiden unterhielten sich zunächst am Telefon und stellten schnell fest, dass sie sich eine Menge zu sagen hatten und dass die Chemie zwischen ihnen stimmte. Sie verabredeten sich für den nächsten Tag und waren sehr neugierig, ob der persönliche Eindruck den großen Erwartungen nach ihrem Telefonat standhalten würde.

Sie hatten ausgemacht, dass sie sich abends in einem gemütlichen Restaurant in der Altstadt treffen würden. Als sie sich an diesem Abend nun das erste Mal gegenüberstanden, hätte die Überraschung auf beiden Seiten nicht größer sein können.

Denn Ines und Bernd kannten sich, und zwar aus dem

Theater. Auch Ines hatte ein Abonnement im Züricher Schauspielhaus, und ihre Plätze lagen nebeneinander. Seit fast zwei Jahren hatten sie regelmäßig Seite an Seite die Aufführungen verfolgt und sich dabei beide jemanden gewünscht, mit dem sie sich darüber austauschen konnten.

Am Morgen nach ihrem ersten Treffen riefen Bernd und Ines mich an und erzählten mir die unglaubliche Geschichte. Ich war gleichermaßen froh und erstaunt. Niemals hätte ich mir träumen lassen, dass es im Leben solche Zufälle gibt.

»Und wissen Sie was?«, sagte Ines am Ende. »Wir haben uns die ganze Zeit schon ausgesprochen sympathisch gefunden. Ein paar Mal hatte ich überlegt, ob ich Bernd in der Pause einfach mal ansprechen soll. Er sagte mir gestern, dass er dieselbe Idee hatte. Aber wir dachten beide vom anderen, dass ein so attraktiver Mensch niemals Single sein kann. Deshalb haben wir es gelassen.«

Bernd fügte hinzu: »Da saßen wir so lange und so häufig direkt neben unserer großen Liebe und haben sie nicht erkannt. Ohne Ihre Hilfe, Frau Klein, hätten wir uns nie gefunden. Offenbar macht auch die Liebe hin und wieder einen Umweg.«

Ich konnte ihm nur zustimmen. Mit diesen geheimnisvollen Umwegen kenne ich mich aus. Schließlich habe ich jeden Tag mit ihnen zu tun. Denn mein Beruf ist die Liebe. Wer kann das schon von sich behaupten?

Zufrieden nahm ich die große Tafel heraus, auf der wir in unserer Agentur jedes Paar, das sich gefunden hat, namentlich festhalten. Ich betrachtete die stolze Menge an Namen und dachte daran, dass hinter allen eine eigene und ebenso außergewöhnliche Geschichte steckte.

Menschen dabei zu helfen, ihren Lebenspartner zu finden, ist eine schöne und sehr besondere Aufgabe. Eine Aufgabe, die mich in all den Jahren, in denen ich nun schon als Partnervermittlerin arbeite, vieles gelehrt hat über mich selbst und andere Menschen.

Ich stellte die Tafel wieder zurück an ihren Platz und ließ noch einmal meinen Blick darüber schweifen. Auf einmal musste ich lächeln. Es gab wirklich merkwürdige Zufälle im Leben. Ich dachte an meine eigene Vergangenheit zurück, an Klienten, an meine persönlichen, nicht immer glücklichen Erfahrungen mit der Liebe und daran, wie alles begonnen hatte: meine Arbeit als Partnervermittlerin Maria Klein.

Kapitel 1

Der Ruf der Großstadt war laut und unüberhörbar. Ich wollte hinaus in die weite Welt. Meine Ausbildung zur Sozialarbeiterin hatte ich gerade abgeschlossen, ein Praktikum erfolgreich beendet.

Die ersten 22 Jahre meines Lebens hatte ich fast ausschließlich auf dem Land verbracht. Von dort wollte ich nun endlich weg, und zwar so schnell wie möglich. Also kündigte ich meine erste Anstellung als Sozialarbeiterin bei der Caritas und blickte einer noch ungewissen, aber mit Sicherheit aufregenden Zukunft in der Großstadt entgegen.

Wo diese Zukunft stattfinden sollte, war schnell entschieden. Die Wahl fiel mir nicht schwer: Meine beste Freundin Steffi lebte in Essen – mitten im Ruhrgebiet. Das war für mich der Inbegriff der großen, pulsierenden Metropole, also beschloss ich, mir dort ebenfalls ein neues Leben aufzubauen. Als ich meiner Freundin am Telefon die großen Neuigkeiten verkündete, freute sie sich riesig.

Ich war nun nicht mehr zu halten und machte mich voller Tatendrang auf die Suche nach einer geeigneten Wohnung. Nach einiger Zeit fand ich ein hübsches kleines Apartment, das mein erstes eigenes Zuhause werden sollte. Die Tatsache allerdings, dass ich über nicht allzu viele eigene Möbel verfügte und der Umzug auch einiges kosten würde, stellte mich vor ein neues Problem: Meine Ersparnisse würden noch höchstens vier Wochen lang reichen, bis dahin musste ich spätestens eine Arbeit gefunden haben. Also besorgte ich mir die Zeitungen der Region und durchsuchte sie auf passende Stellenanzeigen.

Ich traute meinen Augen kaum, als ich sie sah, die Anzeige, die mein Leben verändern sollte:

> Größte Partnervermittlung Deutschlands sucht Mitarbeiter oder Mitarbeiterinnen für eine anspruchsvolle beratende Tätigkeit im Außendienst. Bedingungen: Mindestalter 30 Jahre, psychologische Ausbildung oder Studium. Schriftliche Bewerbung bitte an …

Die meinten ja genau mich! Na gut, das Alter stimmte nicht ganz. Ich war schließlich erst 22. Ansonsten aber gab es nicht den geringsten Zweifel, dass ich die perfekte Kandidatin für diesen Job war. Ich setzte mich gleich an mein Bewerbungsschreiben, in dem ich ausführlich darlegte, warum man bei der Besetzung dieser Stelle auf keinen Fall an mir vorbei käme. Ich steckte die Unterlagen in einen großen Umschlag und schickte ihn an die genannte Adresse. Hoffnungsvoll wartete ich auf die Antwort. In Gedanken malte ich mir schon mein aufregendes neues Leben als Partnervermittlerin aus. Es würde phantastisch werden!

Nach zwei Wochen kam die Absage. Zu jung, zu wenig Erfahrung, man wünschte mir alles Gute für die Zukunft.

Fest davon überzeugt, dass die Agentur einen großen Fehler begangen hatte, überlegte ich, wie ich sie auf ihren Irrtum aufmerksam machen könnte. So schnell würde ich auf gar keinen Fall aufgeben. Ich beschloss, persönlich bei der Partnervermittlung Rose (ich nenne sie hier so – sollte es eine Agentur mit diesem Namen geben, diese ist es nicht) aufzuschlagen und mich direkt vorzustellen.

Dabei gab es allerdings ein Problem: Ich hatte keine passende Kleidung, denn meine Garderobe gab leider nur wenig her. Zum Glück wusste meine Freundin Steffi Rat und lieh mir eines von ihren Kostümen. Es war hochelegant, ein Traum aus weichem, grauem Kaschmir, passend dazu eine cremefarbene Seidenbluse. Vollendet wurde dieses Outfit – wir waren wirklich hin und weg davon – durch graue Lederpumps, die ich mir von meinen restlichen Ersparnissen selbst kaufte. Es waren meine ersten hohen Schuhe, und mit meinen 1,81 Meter hatte ich darin ständig Angst umzufallen. Ich war es überhaupt nicht gewohnt, beim Laufen so weit nach vorne gedrückt zu werden. Beim Friseur ließ ich mir noch die Haare hochstecken und mich professionell schminken. Am Ende fühlte ich mich einfach klasse. Groß, schlank, elegant – ich sah mindestens aus wie 30. Keine Frage, dieser Job gehörte mir!

Mit meinem alten, klapperigen Auto machte ich mich schließlich auf zur Partneragentur Rose im nicht weit entfernten Düsseldorf. Der Wagen war knallrot und sah ein wenig aus wie ein amerikanischer Straßenkreuzer in Kleinformat. Er passte nicht wirklich zu meinem eleganten Auftritt, deshalb parkte ich vorsichtshalber in einiger Entfernung von der Agentur.

Als ich, an der angegebenen Adresse angekommen, die Tür öffnete, atmete ich tief durch. Ich war aufgeregt und gespannt darauf, wie man mein unangemeldetes Erscheinen hier aufnehmen würde – vorausgesetzt, die Empfangsdame würde mich nicht schon im Vorfeld abweisen. Das wollte ich unbedingt verhindern und es ihnen außerdem so schwer wie möglich machen, mich wieder von der Bewerberliste zu entfernen. Ich würde meinen Vorstellungstermin bekommen.

Entschlossen betrat ich die Räumlichkeiten der Agentur Rose. Alles wirkte sehr edel und gediegen. An den Wänden hingen großformatige moderne Gemälde, auf dem frisch gewachsten Parkettboden lagen teure Teppiche. Im Wartebereich luden hellgraue Designersessel zum Hinsetzen ein, auf den antiken Kommoden daneben standen riesige Kristallvasen mit wunderschönen Blumen. Ich fühlte mich in dieser edlen Umgebung ausgesprochen wohl. Kein Vergleich zu den farblosen, deprimierenden Besuchsräumen der Caritas.

Am Empfang saß eine junge Frau. Sie trug ein schwarzes Kostüm und extrem viel Modeschmuck. Also, ich war auf jeden Fall besser gekleidet!

»Was können wir für Sie tun?«, säuselte sie etwas gestellt.

»Mein Name ist Maria Klein, und ich möchte mich als Mitarbeiterin vorstellen.«

»Haben Sie einen Termin?«, fragte sie misstrauisch und blätterte eifrig in ihrem Terminkalender. Das Säuseln hatte ein Ende. Das galt wohl ausschließlich zahlungskräftigen Kundinnen. »Nein, ich habe eine Absage von Ihnen bekommen und möchte mich trotzdem persönlich vorstellen.«

Jetzt wurde sie sauer: »Wenn Sie eine Absage bekommen haben, hat das seinen Grund. Herr und Frau Kunz sind sehr beschäftigt. Es findet gerade eine Mitarbeiterschulung statt. Ich werde dort nicht extra Ihretwegen stören.«

Wie ich schon vermutet hatte, war ich hier gar nicht willkommen. Unaufgefordert nahm ich einfach Platz, um zu überlegen, was ich nun tun könnte, um doch noch die Gelegenheit zu bekommen, mich vorzustellen. In diesem Moment öffnete sich eine Tür. »Ah, da sind Sie ja. Wir wollten gerade beginnen. Kommen Sie herein«, begrüßte mich der

Herr im grauen Anzug ausgesprochen freundlich. »Mein Name ist Kunz, ich bin der Inhaber der Partnervermittlung Rose. Sie sind sicherlich Frau Tregner.«

»Nein, mein Name ist Maria Klein. Ich hatte mich bei Ihnen beworben, aber Sie haben mir abgesagt, weil ich angeblich zu jung sei.«

Erstaunt betrachtete er mich von oben bis unten. »Na, Sie sind ja auf jeden Fall ganz schön zielstrebig.« Es blieb mir auch nichts anderes übrig. In zwei Wochen war ich pleite, und außerdem interessierte mich diese Stelle bei einer Partnervermittlung brennend. Herr Kunz sah mich immer noch freundlich an. Er überlegte kurz, dann sagte er: »Sie können bleiben. Eine Woche, zur Probe sozusagen. Heute findet eine Mitarbeiterschulung statt, und Sie bekommen die Gelegenheit, Ihr Können unter Beweis zu stellen.«

Na also, ging doch. Er führte mich in einen weiteren ebenfalls sehr gediegenen Raum. Dort setzte ich mich zu den anderen Anwesenden an einen wunderschönen großen Mahagonitisch. Die Einrichtung war auch hier sehr beeindruckend: antike Möbel kombiniert mit modernen Teppichen und abstrakten Gemälden. Nun war ich erst recht heilfroh, dass ich mir Steffis schickes Kostüm geliehen hatte.

Am Tisch saßen bereits zwölf Personen; Herr Kunz, seine Frau und zehn potentielle neue Mitarbeiter. Herr Kunz forderte uns Bewerber auf, uns in ein paar kurzen Sätzen selbst vorzustellen.

In diesem Moment ging die Tür auf und die unfreundliche Dame vom Empfang schob noch eine weitere Bewerberin in den Besprechungsraum. »Hier ist Frau Tregner. Sie hat sich verspätet«, flötete sie mit einem süffisanten Unterton. Alle Augen waren auf den Neuankömmling gerichtet. Sie hatte einen schwarzen Bubikopf und knallrot geschminkte

Lippen. Ich fand sie auf Anhieb sehr sympathisch. Vor allem imponierte mir ihre coole Art, als sie völlig ungerührt die Anwesenden ansah, »Guten Tag« sagte und ohne ein Wort der Entschuldigung Platz nahm.

Mittlerweile hatte die Vorstellrunde begonnen. Als ich mir anhörte, was die anderen erzählten, war ich erstaunt. Keiner dieser zehn Kandidaten brachte die geforderte Qualifikation mit, ganz zu schweigen von einer psychologischen Ausbildung. Nur Frau Tregner entsprach dem angegebenen Profil annähernd. Mir war völlig unklar, warum meine Bewerbung abgewiesen und ich nicht zum Gespräch eingeladen worden war.

Als ich an die Reihe kam, nahm ich die skeptischen Blicke der anderen wahr. »Mein Name ist Maria Klein«, begann ich unbeirrt, »ich bin 22 und gelernte Sozialarbeiterin. Seit Kurzem wohne ich in Essen.« Eigentlich wollte ich noch weiter ausholen, aber angesichts der spöttischen Blicke um mich herum beschloss ich, das lieber bleiben zu lassen.

»Haben Sie Außendiensterfahrung?«, wollte Frau Kunz von mir wissen.

»Wenn Sie damit meinen, ob ich schon mal Versicherungen verkauft habe oder Zeitungsabonnements, Kosmetikartikel, Bausparverträge oder Gastronomiebekleidung« – das waren genau die Bereiche, die meine Mitbewerber genannt hatten –, »nein, dann habe ich keine Außendiensterfahrung.« Wieder sah ich in hämisch grinsende Gesichter. Es war völlig klar, was die Leute hier dachten. Wie konnte die Partnervermittlung Rose nur so jemanden einstellen wollen?

»Und Sie meinen, dass Sie diesem Job gewachsen sind?!«, fragte mich der Handelsvertreter für luftdicht verpackte Plastikschälchen mit spöttischem Unterton und belustigtem Blick in die Runde. Das ging mir zu weit!

»Ich weiß nur eins«, entgegnete ich, »wenn Sie alle schon lange nicht mehr hier sind, werde ich noch immer sehr erfolgreich als Partnervermittlerin arbeiten.« Das fanden alle Anwesenden sehr amüsant. Die Herren konnten sich das Lachen kaum verkneifen. Egal, ich fand mich richtig gut und mutig.

Als die Fragerunde endlich vorbei war, begann die Mitarbeiterschulung. Sie sollte uns vorbereiten auf die Gespräche mit den potentiellen Kunden. Nach dieser Einführung, die nur zwei Stunden in Anspruch nahm, bekam jeder von uns zehn Adressen von Partnersuchenden. Unsere Aufgabe war es, diese Personen zu kontaktieren, sie zu besuchen und mit ihnen einen Vertrag abzuschließen.

Pia, die Dame an der Rezeption, teilte die Adressen an uns Kandidaten aus. Ganz zum Schluss kam sie zu Frau Tregner und zu mir. Sie drückte uns die Zettel in die Hand und zischte dabei: »Bitte schön!« Zwangsläufig musste ich an eine Schlange denken.

Das sollte mich aber nicht daran hindern, hoffnungsfroh und zuversichtlich mit meiner Probezeit zu beginnen. Schließlich wollte ich unbedingt diesen Traumjob ergattern!

Kapitel 2

Als ich die Agentur verließ, um zu meinem Auto zurückzugehen, wählte ich absichtlich einen Umweg. Das hätte mir schließlich gerade noch gefehlt, in meinem alten Auto von jemandem aus der Agentur gesehen zu werden. Als ich eingestiegen war, befreite ich meine Füße erst einmal von den Pumps. Ich fühlte mich wie eine dieser Chinesinnen, deren Füße nach alter Tradition abgebunden wurden. Außerdem löste sich meine teure Hochsteckfrisur langsam auf. Wie viele Klammern doch auf einen einzigen Kopf passten …

Allmählich entspannte sich meine Kopfhaut. Für meinen nächsten Auftritt bei den Roses musste ich mir unbedingt etwas Neues einfallen lassen.

Ich fuhr auf direktem Weg nach Hause, wo ich mir gleich die Adressen der Partnersuchenden vornahm. Die Angaben, die ich über diese potentiellen Kunden bekommen hatte, waren sehr spärlich: Alter, Beruf, Familienstand, Kinder. Nun ja, darum sollte ich schließlich auch ein persönliches Gespräch mit ihnen führen. Meine Aufgabe war, diese Menschen kennenzulernen, etwas über ihre Wünsche zu erfahren, ein Dossier anzulegen und natürlich am Ende einen Vertrag mit ihnen abzuschließen.

Im Nachhinein fiel mir auf, dass die Schulung in der Agentur einzig und allein darauf ausgerichtet gewesen war: auf einen erfolgreichen Vertragsabschluss. Ich wusste nichts über sensible Gesprächsführung mit Menschen auf Partnersuche. Überhaupt fühlte ich mich wenig »geschult«, das Zwischenmenschliche war überhaupt nicht berücksichtigt worden. Über die Auswertung der Angaben wusste ich auch nicht Bescheid. Dabei hatte ich gedacht, es ginge in erster Linie um den einzelnen Menschen, seine Bedürfnisse und darum, ob wir seine Vorstellungen vom zukünftigen Partner realisieren konnten.

Vielleicht war ich doch zu jung für diese Arbeit? Zu naiv und zu sentimental? Ging es einfach nur darum, gut zu verdienen? Letzteres war natürlich auch nicht schlecht, um nicht zu sagen, lebensnotwendig.

Ich kam zu keinem Schluss. Also entschied ich mich, einfach ins kalte Wasser zu springen, den ersten Termin zu vereinbaren und zu schauen, wie sich alles entwickelte. Die Informationen über meinen ersten Kunden waren mehr als dürftig: Alter 45, männlich, Beruf: Klempner, geschieden, ein Kind. Ich nahm den Hörer in die Hand und wählte mit klopfendem Herzen die angegebene Nummer.

»Guten Abend, mein Name ist Klein von der Partnervermittlung Rose. Sie haben uns angerufen, weil Sie eine neue Partnerin kennenlernen möchten. Aus diesem Grund würde ich gerne einen Termin mit Ihnen vereinbaren, um Sie über unsere Leistungen zu informieren.«

Stille am anderen Ende der Leitung.

»Hallo?«, fragte ich zaghaft.

»Sind Sie die neue Frau für mich?«

Oje, hatte ich etwas Falsches gesagt?

»Nein, ich bin eine Mitarbeiterin der Partneragentur Rose. Sie haben bei uns angerufen, weil Sie eine Partnerin suchen.«

»Ja. Die Frau am Telefon hat gesagt, sie schickt mir eine, und die kann ich dann behalten.«

Das konnte doch nicht wahr sein! Erzählte diese Pia etwa solche Dinge? Ich nahm einen zweiten Anlauf und versuchte zu erklären, wer ich war und weshalb ich anrief. Der Mann am anderen Ende der Leitung wollte mich jedoch nicht verstehen.

Ein zweites Telefonat mit einem ebenso falsch informierten Herrn verlief gleichermaßen unbefriedigend. Fehlte mir vielleicht doch die Erfahrung, oder lag es an den Kunden? Ich war kurz davor zu resignieren und beschloss, mein Glück bei einer Frau zu versuchen. Vielleicht hatte ich dort ja größere Erfolgschancen. Von Frau zu Frau sozusagen.

Alles, was ich über Frau Teewes wusste, als ich ihre Nummer wählte, war, dass sie 52 Jahre alt, verwitwet und nicht berufstätig war. Ihre drei Kinder waren bereits aus dem Haus.

»Guten Abend, mein Name ist Klein«, fing ich sehr motiviert an und stellte mich als persönlicher Erstkontakt der Agentur vor. Ich klärte die Dame über das Informationsgespräch auf. »Ich würde gerne einen Termin mit Ihnen vereinbaren.«

»Ja, natürlich, kommen Sie doch gleich morgen um zehn Uhr.« Na also, es ging ja doch.

Am nächsten Tag stand ich pünktlich um zehn Uhr vor einem wirklich scheußlichen Mehrfamilienhaus. Im Treppenhaus roch es nach Sauerkraut, man hörte Kinder und Mütter brüllen, der Flur wirkte grau und trist. Ich fühlte mich unwohl. Doch leider hatte ich mich nicht in der Adresse geirrt.

Auf mein Klingeln öffnete mir zu meinem großen Erstaunen eine sehr gepflegte, gut gekleidete Dame und bat mich in eine ausgesprochen hübsche kleine Wohnung. Sie hatte Kaffee gekocht und einen Teller mit Keksen auf den Tisch gestellt. »Sie wundern sich, nicht wahr? Sie haben mit etwas anderem gerechnet, als Sie dieses Haus betreten haben. Ich bin froh, dass Sie überhaupt geklingelt haben und nicht gleich wieder umgekehrt sind.«

Offenbar war es wirklich notwendig, dass ich endlich lernte, meine Gedanken besser zu verbergen, damit sie mir nicht jeder sofort ansehen konnte.

»Oh, das ist schon in Ordnung. Ich habe mich tatsächlich ein wenig gewundert, warum eine Frau wie Sie in diesem Haus wohnt.«

Sie holte tief Luft, dann begann sie zu erzählen: »Wie das Leben manchmal eben so spielt. Als ich vor vielen Jahren meinen Ehemann kennenlernte, war er gerade dabei, ein eigenes Autohaus aufzubauen. Alles lief wunderbar, das Geschäft ging sehr gut. Wir konnten uns viel leisten, wohnten in einem großen Haus, fuhren mehrmals im Jahr in den Urlaub. Wir haben drei gut geratene Kinder, die früh ausgezogen sind, um auf eigenen Füßen zu stehen. Unsere Tochter lebt jetzt in London, der eine Sohn ist in Australien verheiratet, und der andere arbeitet in Hamburg.

Nachdem die Kinder das Haus verlassen hatten, setzte bei meinem Mann auf einmal die große Midlife-Crisis ein. Ich interessierte ihn nicht mehr besonders, stattdessen nahm er sich eine junge Freundin. Innerhalb von drei Jahren brachte er mit ihr unser gesamtes Vermögen inklusive aller Ersparnisse durch. Ich fühlte mich völlig ohnmächtig und hoffte einfach, dass alles irgendwie vorüberging. Die Scheidung wollte ich nicht einreichen, denn ich glaubte lange Zeit, dass er zu mir zurückkehren würde. Doch anstatt zur Besinnung zu kommen, verprasste er einfach weiterhin unser ganzes Geld.

Als die Vorräte aufgebraucht und sogar die Rücklagen für unsere Altersvorsorge angebrochen waren, nahm er Hypotheken auf. Aber mit seinem Geld verlor er auch den Reiz für seine Freundin, und als es nur noch Forderungen der Banken gab, verließ sie ihn. Kurz danach hatte er einen Herzschlag und starb mit gerade einmal 60 Jahren.

Von unserem früheren Vermögen ist nichts mehr übrig. Das Haus wurde verkauft, um die Schulden zu tilgen. Eine Rente bekomme ich nicht, weil mein Mann selbständig war und uns privat abgesichert hat – bis er auch dieses Geld auf den Kopf gehauen hat. Wir hatten einmal geplant, im Ruhestand von unseren Ersparnissen und der Altersvorsorge ein schönes Leben zu führen. Jetzt gibt es keine Ersparnisse mehr. Ich lebe von der einzigen noch übrig gebliebenen Lebensversicherung. Ich bin extrem sparsam, damit ich lange genug über die Runden komme. Außerdem gehe ich sporadisch putzen und versuche, eine Stelle in einem Büro zu finden. Das ist allerdings nicht einfach in meinem Alter.«

Ihre Geschichte ging mir so zu Herzen, dass mir fast die Tränen kamen. Da hatte diese Frau ihr Leben Mann und Familie gewidmet, sich auf die Zweisamkeit im Alter gefreut, und dann hatte sie alles verloren. Vielleicht hatte sie kein besonders schweres Leben geführt, immerhin konnte sie sich früher vieles leisten, aber mit dem, was dann passiert war, hätte sie wirklich nicht rechnen können. Das Schlimmste an ihrer Situation war, dass wenig Aussicht auf Besserung bestand. Ich hoffte, dass ein neuer Partner ihr zumindest ein bisschen Lebensfreude zurückgeben würde.

Also erklärte ich ihr, wie eine Partnervermittlung funktionierte und welches Honorar für welche Leistungen anfallen würde. Nach ihrem langen Vortrag hatte ich allerdings schon geahnt, dass sie sich diese Summe nicht würde leisten können. Und diese Befürchtung bestätigte sich nun.

Etliche Tassen Kaffee und viele Plätzchen später verließ ich ihre Wohnung und fuhr deprimiert nach Hause. Ich konnte mich so gut in ihre Lage versetzen, dass es mir vorkam, als hätte ich die Geschichte selbst erlebt. Auf der Heimfahrt gingen mir allerlei Fragen durch den Kopf. Würden alle Klienten ähnlich schlimme Geschichten erzählen und in ausweglosen Situationen stecken? Müsste ich, wenn ich in diesem Geschäft etwas erreichen wollte, künftig in der Lage sein, einfach zu gehen und zu sagen: Tut mir leid, no money, no service? Was konnte ich tun, um Menschen wie Frau Teewes zu helfen? War das am Ende doch alles andere als ein Traumjob?

Kurz dachte ich darüber nach, alles hinzuschmeißen und wieder in meinen alten Beruf als Sozialarbeiterin zurückzukehren. Aber nein, dafür hatte ich das Risiko nicht auf mich genommen, war ich nicht ausgezogen, um die Welt zu erobern. Es blieb also nur eins: weitermachen. Schließlich wollte ich nicht nach nur drei Kontakten schon aufgeben. Diese Genugtuung würde ich meinen neuen Arbeitskollegen nicht gönnen.

Was ich jetzt brauchte, war eine Bestätigung, ein Erfolgserlebnis. Einen ganz alltäglichen Termin mit einem Durchschnittskunden, einem, der ein ganz normales Leben führte, dem es nicht schlecht ging, weder psychisch noch finanziell. Ein großes Fragezeichen schwebte über meinem Kopf – wie sollte ich so jemanden finden? Ich ging noch einmal meine Liste mit potentiellen Kunden durch. Die Angaben des nächsten Suchenden gaben mir Grund zur Hoffnung.

Kapitel 3

Alter 53, Rechtsanwalt, eigene Kanzlei, geschieden, keine Kinder.« Als ich diese Informationen las, schöpfte ich neuen Mut. Das musste doch so ein ganz normaler Durchschnittsmensch sein – auch wenn er Rechtsanwalt war. Ich entschloss mich, es sofort herauszufinden und rief in seiner Kanzlei an.

»Guten Tag, mein Name ist Klein. Ich möchte gerne mit Herrn Dr. Eisenberg sprechen. Könnten Sie mich bitte mit ihm verbinden?«

»Um was geht es?«, fragte eine misstrauische Sekretärin. Da war ich nach meiner Erfahrung mit Pia doch schon zum zweiten Mal innerhalb kürzester Zeit an einen echten Vorzimmerdrachen geraten.

»Das ist privat.«

»Herr Dr. Eisenberg führt aber keine privaten Gespräche«, entgegnete die Sekretärin schnippisch.

Was sollte das denn? Mit so etwas hatte ich nun gar nicht gerechnet. »Bitte richten Sie Herrn Dr. Eisenberg aus, dass Frau Klein aus Düsseldorf jetzt am Telefon ist. Er erwartet meinen Anruf.«

»Nein, wir haben Anweisung, keine privaten Telefonate durchzustellen.« Das konnte doch wohl nicht wahr sein, dass jemand für ihn bestimmte persönliche Gespräche ablehnte. »Und ich habe Anweisung, ihn zurückzurufen. Klären Sie das doch bitte ab.«

Ich hörte Musik in der Leitung. Also versuchte sie es doch. Na bitte, warum denn nicht gleich so?

»Dr. Eisenberg hier!!! Wer sind Sie, und was wollen Sie??« Mein Ohr dröhnte, so laut brüllte er.

»Sie suchen eine neue Partnerin, und deswegen rufe ich …«

»Freitagabend, 17 Uhr, in meiner Kanzlei!!!«, donnerte er los. Meine Ohrmuschel vibrierte.

Das war also ein Telefonat mit einem ganz normalen Menschen.

Zwei Tage später, es war Freitagabend, stand ich wie vereinbart pünktlich um fünf Uhr vor der Kanzlei Eisenberg. Mein Herz raste, und vor lauter Aufregung zitterten mir die Knie. Immerhin, dieser Mann hatte studiert, hatte einen Titel, eine Menge Lebenserfahrung, war alt – zumindest in meinen Augen –, er hatte eine eigene Kanzlei. Und er war unglaublich cholerisch. Er würde mich wahrscheinlich schon nach der Begrüßung in der Luft zerreißen.

Ich wurde unsicher. Sollte ich da wirklich reingehen und so tun, als gäbe es für mich seit Jahren nichts Selbstverständlicheres, als mich mit alten, cholerischen Akademikern auf Partnersuche zu unterhalten?

Auf der anderen Seite: Wenn ich da heute einigermaßen erfolgreich herauskäme, dann hätte ich es geschafft. Dann wäre ich eine (fast) erfahrene junge Frau, die einen der schwierigsten Kunden überlebt hätte. Und das würde mich stärken für alles, was noch kommen würde.

Also atmete ich tief durch, biss die Zähne zusammen und machte mich auf zum Intensiv-Crash-Kurs in Sachen Lebenserfahrung. Andere Menschen brauchten dafür Jahrzehnte, und bei mir erledigte das ein cholerischer Anwalt an nur einem Abend! Vorsichtig balancierte ich die Treppe zur Kanzlei hinauf. Die Pumps sollten nicht klackern. Natürlich trug ich wieder das geliehene graue Kaschmirkostüm und die aufwendige Hochsteckfrisur. Schließlich hatte sie mir schon einmal Glück gebracht. Mein Finger wollte gerade den Klingelknopf drücken, als auch schon die Tür aufgerissen wurde.

»Da sind Sie ja endlich! Kommen Sie rein«, wurde ich nicht gerade freundlich begrüßt. »Setzen Sie sich! Wie teuer ist das bei Ihnen? Sind Sie auch so eine Halsabschneiderin wie die anderen Vermittler?«

Oje, wie viele waren denn schon vor mir da gewesen? Und was war aus ihnen geworden?

»Wenn Sie keine Vermittlung in Anspruch nehmen möchten und so schlechte Erfahrungen gemacht haben, warum bin ich dann hier?« Ich sah ihn vor meinem inneren Auge schon buchstäblich an die Decke gehen.

»Glauben Sie allen Ernstes, dass ich schon einmal bei einer Vermittlung gewesen bin? Ich will es einfach mal ausprobieren, antesten und mich davon überzeugen, dass meine Mandanten recht haben, wenn sie Partneragenturen wie Ihre wegen mangelnder Leistungen verklagen.« Wie sprach dieser Mensch denn mit mir? Wo blieb die Höflichkeit, die ich von einem Mann in seiner Position wohl erwarten durfte?

»In diesem Ton möchte ich mich nicht mit Ihnen unterhalten. Entweder wir reden ernsthaft und sachlich über das, was Sie von mir erwarten, oder ich gehe.« Jetzt bringt er mich um, schoss es mir für einen Moment durch den Kopf. Das war es dann wohl mit meinem Crash-Kurs Lebenserfahrung. Doch zu meiner großen Verwunderung sah er mich stumm und erstaunt an.

»Es ist jetzt 17 Uhr«, begann er, nun etwas milder. »Darf

ich Sie zum Abendessen einladen, damit wir uns in angenehmerer Atmosphäre unterhalten können? Natürlich nur, wenn es Ihre Zeit erlaubt.« Dabei lächelte er mich tatsächlich an. Ein wenig ironisch zwar, aber er lächelte. Nachdem er sich beruhigt hatte, klang auch seine Stimme auf einmal angenehm leise.

Wir verließen die Kanzlei, um uns bei einem edlen Italiener über seine Wünsche und Vorstellungen in Bezug auf die neue Partnerin zu unterhalten. Als wir bei Wein und Kerzenlicht beisammensaßen, hatte ich plötzlich den nettesten »cholerischen« Akademiker vor mir, dem ich in meinem jungen Leben begegnet war.

»Wissen Sie«, begann er, »ich habe bei Ihrer Vermittlung angerufen, weil ich neugierig war. Ich habe einige Mandanten, die Partneragenturen beauftragt haben und damit nur Ärger hatten. Sie mussten viel Geld bezahlen, um dafür lediglich Partnervorschläge zu erhalten, die nicht einmal ansatzweise zu ihnen passten. Nach dem, was meine Mandanten mir erzählten, scheinen die Vermittlungen wahllos und völlig willkürlich Vorschläge zu machen. Das wollte ich mir nun näher anschauen und habe mich daher bei der Agentur Rose gemeldet.

Gleich bei meinem ersten Anruf wurde mein Verdacht prompt bestätigt. Die Dame legte direkt nach der Begrüßung mit der Preisliste los und wollte mir mit aller Gewalt einen Vertretertermin aufdrücken. Aber nicht mit mir. Ich beschloss, dem Vertreter nicht einmal die Tür zu öffnen, ich konnte mir schließlich denken, wie das Gespräch ablaufen würde.«

Deshalb also hatte mir Pia, diese Schlange, seine Adresse zugeteilt. Ich war fassungslos.

Dr. Eisenberg fuhr fort: »Natürlich ist mir klar, dass Ihre

Dienstleistungen mit Kosten verbunden sind. Aber die Sache ist nun mal sehr persönlich und privat, da fällt es schwer, sich jemandem anzuvertrauen, der augenscheinlich nur am Geld interessiert ist. Wissen Sie, im Laufe der Zeit stelle ich zunehmend fest, dass ich im Umgang mit anderen immer ungehaltener werde. Dabei bin ich im Grunde meines Herzens ein gefühlsbetonter Mensch, der alleine ist und gerne eine neue Liebe finden würde.«

Das klang nun wirklich goldig. Während des Essens versuchte ich, Dr. Eisenberg seine Befürchtungen zu nehmen, indem ich ihn nach seinen Vorlieben und Wünschen ausfragte und mir anhörte, was er zu erzählen hatte. Und tatsächlich: Anschließend füllte er sämtliche Unterlagen aus und überreichte mir sogar einen Scheck.

Am Ende war es ein richtig schöner Abend geworden. Überrascht und auch ein bisschen stolz auf mich stieg ich nach diesem Treffen in meinen Wagen. Auf der Heimfahrt dachte ich über das Gespräch nach und beschloss, in Zukunft selbstbewusster und absolut ehrlich an die Arbeit zu gehen und, wenn es nötig wäre, auch mal deutlich »Nein« zu sagen. Schließlich hatte es gerade Wunder gewirkt. Ob das auch weiterhin so gut klappen würde?

Kapitel 4

Am nächsten Morgen zog ich eine erste Bilanz meiner neuen Tätigkeit: Aus den zehn Adressen, die ich von der Agentur bekommen hatte, hatten sich fünf längere persönliche Kontakte ergeben. Neben Frau Teewes, der Witwe, die ich als erstes besucht hatte, und Dr. Eisenberg hatte ich mit drei weiteren Herren gesprochen und mit jedem von ihnen einen Termin vereinbart. In zwei Fällen allerdings weigerte ich mich, die Wohnung zu betreten. Die potentiellen Kunden hatten ein paar Kollegen eingeladen, die sich angeblich ebenfalls für eine Vermittlung interessierten. Ich fühlte mich sehr unwohl dabei und verabredete deshalb lieber ein Treffen in einem Café.

Bei dem dritten Herrn handelte es sich um einen 52 Jahre alten Schlosser. Josef Marnitz war selbständig mit eigenem Betrieb und verdiente nicht schlecht. An der Haustür prangte stolz ein Firmenschild mit seinem Namen.

Er begrüßte mich ausgesprochen freundlich und wirkte dabei sehr vertrauenswürdig. Er machte auf mich den Eindruck eines sehr bescheidenen und liebenswürdigen Menschen. Ich fragte ihn, warum er auf der Suche nach einer neuen Partnerin sei und wie es dazu gekommen war.

Ein wenig schüchtern begann Herr Marnitz daraufhin zu erzählen: »Meine Frau hat sich letztes Jahr nach fast dreißig Jahren Ehe von mir scheiden lassen. Sie war immer sehr lebensfroh und unternehmungslustig gewesen. Anfangs hat mir das auch gut gefallen, aber wissen Sie, ich habe schließlich ein Geschäft, um das ich mich kümmern muss. Die dauernden Aktivitäten und Vorschläge, die sie machte, waren mir einfach zu viel. Ich wollte mich nach einem anstrengenden Tag lieber zu Hause erholen. Und auf weite Reisen lege ich auch keinen allzu großen Wert. Eines Tages, wir hatten uns gerade mal wieder gestritten, weil ich keine Lust auf einen spontanen Wochenendurlaub hatte, sagte sie mir, dass ich ihr zu langweilig geworden sei. Sie wollte noch etwas erleben und so viel wie möglich von der Welt sehen. An diesem Abend hat sie mich verlassen.« Er hielt inne und blickte ein wenig traurig aus dem Fenster. »Jetzt weiß ich gar nicht mehr, wofür ich mich jeden Tag abmühe. Alleine macht das doch alles keinen Sinn. Deshalb wünsche ich mir eine neue Gefährtin. Eine, die Verständnis für meine Lebensweise hat und meine Interessen teilt.«

Er tat mir leid, aber ich war mir sicher, dass er bei seiner Ausstrahlung schnell eine passende Frau finden würde. Herr Marnitz fasste Vertrauen zu mir und schloss einen Vertrag mit der Partnervermittlung Rose ab. Zufrieden und voller Zuversicht fuhr ich nach diesem Treffen zurück. Na also, es gab sie doch, die ganz »normalen« Menschen.

Die anderen fünf Anläufe hatten sich dagegen bereits am Telefon erledigt. Drei Herren wollten sich gleich privat mit mir verabreden – so ein Blödsinn – und zwei Frauen hatten nur aus Spaß angerufen. Insgesamt konnte ich jedoch zufrieden sein: Von zehn Interessenten hatten zwei einen Vertrag mit mir abgeschlossen. Somit hatte ich einen Umsatz in Höhe von 3 500 Euro (damals natürlich noch DM) erreicht. Ob das wohl ausreichen würde, um meinen Traumjob zu bekommen?

Ich hatte eine anstrengende, aber auch aufregende und

sehr schöne Woche hinter mir. Diese neue Arbeit machte mir große Freude, und ich war sicher, dass die Agentur Rose ihre neuen Kunden garantiert nicht enttäuschen würde.

Am nächsten Montag war es so weit, die Besprechung der Ergebnisse unserer Probewoche stand an. Am frühen Vormittag fuhr ich also wieder nach Düsseldorf in die Zentrale der Agentur Rose. Meine Gedanken kreisten um meinen Erfolg, und ich war sehr gespannt, wie ich im Vergleich zu den anderen Kandidaten abgeschnitten hatte. Ob meine Konkurrenten erfolgreicher gewesen waren? Und ob es am Ende wohl langen würde, um den Job zu bekommen? Ich hoffte es sehr, denn mein restliches Vermögen schmolz mittlerweile rapide dahin.

Angespannt und nervös betrat ich das Büro. Pia lächelte mir boshaft entgegen. Sie hoffte bestimmt, dass ihr Plan aufgegangen und ich an den harten Fällen, die sie für mich ausgesucht hatte, gescheitert war.

Die anderen Bewerber hatten sich bereits um den wunderschönen Mahagonitisch versammelt, als ich mit einem mulmigen Gefühl das Besprechungszimmer betrat. Um meine Chancen zu erhöhen, hatte ich mich wieder schick zurechtgemacht. Wieder trug ich meine neuen Pumps, hatte aber diesmal auf die Hochsteckfrisur verzichtet und mich für ein schickes tiefblaues Seidenkleid entschieden, das ich in Steffis Kleiderschrank gefunden hatte. Mir war bis dahin noch nie aufgefallen, wie elegant gekleidet meine Freundin zur Arbeit ging.

Herr Kunz, Frau Kunz und Pia betraten gleich hinter mir den Raum. »Ich werde nun die Verträge einsammeln, die Sie vergangene Woche abgeschlossen haben, und Herr Kunz wird sie dann mit Ihnen besprechen«, flötete Pia. »Also, wer hat etwas vorzuweisen?« Glaubte sie ernsthaft, uns damit beeindrucken zu können? Die andere weibliche Kandidatin, Frau Tregner, schob Pia wortlos ihre Unterlagen mit den Abschlüssen hin. Ihr hatte ich beim letzten Mal den Job auch am ehesten zugetraut. Sie wurde mir immer sympathischer mit ihrem auffälligen Bubikopf und dem Zigarillo, den sie lässig zwischen den Fingern hielt. Ihre distanzierte Art imponierte mir, und ich mochte sie auf Anhieb.

Natürlich konnte ich mir ein triumphierendes Lächeln nicht verkneifen, als ich Pia meine beiden abgeschlossenen Verträge in die Hand drückte. Sie schien sichtlich verblüfft und warf mir einen bösen Blick zu. »Mit wem wollen Sie denn einen Vertrag gemacht haben?«, zischte sie mir schnippisch zu. Was hatte sie eigentlich gegen mich?

»Ich hatte zwei sehr nette Gespräche mit dem Anwalt und dem Schlosser. Beide haben danach einen Vertrag unterschrieben, jeweils über 3 500 DM.«

»Das glauben Sie doch selbst nicht«, giftete sie. »Der Schlosser kann sich das doch gar nicht leisten, und der Anwalt …«

»Wie kommen Sie darauf? Der Schlosser ist Inhaber eines eigenen Betriebes mit fünf Angestellten, und der Anwalt war ausgesprochen handzahm und charmant.« Pia sah mich ungläubig an. Ich genoss diesen Augenblick.

Meine Mitstreiterin, Frau Tregner, lächelte mir zu. Auch sie hatte zwei Verträge abgeschlossen, einen Vertrag mit einem Mann und einen mit einer Frau. Wir hatten den Test also beide bestanden. Die übrigen Bewerber allerdings hatten keinen einzigen Abschluss vorzuweisen. Die Stimmung im Raum war entsprechend gereizt. Die Herren, die in der vergangenen Woche noch so siegessicher über mich gelacht hatten, waren jetzt stinksauer. Sie beschwerten sich über die spärlichen Kontaktangaben, die man ihnen gegeben habe. Bei ihren Anrufen hätten sie ständig auf Granit gebissen, besonders wenn das Honorar der Agentur zur Sprache kam. Die Partnervermittlung Rose hätte keinen guten Leumund, und die potentiellen Kunden besäßen kein Geld. Da sei beim besten Willen nichts zu verdienen gewesen. Was hätte man bei diesem Material also erreichen können? Sie sagten tatsächlich »Material«.

Die andere Kandidatin und ich schauten uns an. Wir verstanden uns wortlos.

Damit war die Sache klar. Herr Kunz unterbrach das Gemecker und ergriff nun selbst das Wort. »Das reicht, meine Herren. Sie hatten alle die gleichen Chancen. Frau Tregner und Frau Klein, ich gratuliere Ihnen zu Ihrem Ergebnis und möchte Sie bitten, hierzubleiben. Auf die Mitarbeit der Herren werden wir wohl leider verzichten müssen. Vielen Dank trotzdem an Sie.« Ich bemühte mich inständig, nicht schadenfroh zu grinsen, als die männlichen Kandidaten zornig den Raum verließen. Ich bin mir nicht ganz sicher, ob es mir gelang.

Herr Kunz blickte uns an und sagte: »Meine Damen, Sie haben Ihre einfühlsamen Fähigkeiten unter schwierigen Bedingungen unter Beweis gestellt. Wir möchten gerne in Zukunft mit Ihnen zusammenarbeiten. Wenn Sie einverstanden sind, hole ich jetzt die Arbeitsverträge.« Und ob wir einverstanden waren! Als er den Raum verließ, strahlte meine zukünftige Kollegin mit dem schwarzen Bubikopf mich an: »Denen haben wir es wohl gezeigt. Freut mich, dich kennenzulernen. Ich bin übrigens Veronica.«

Ich konnte mein Glück kaum fassen: Ich hatte endlich einen Job!

Kapitel 5

Ich werde Ihnen heute einen Einblick in die Arbeitsweisen unserer Agentur geben.« So begann Veronicas und mein erster Tag als Partnervermittlerin mit einem einstündigen Vortrag von Herrn Kunz. Langweilig, aber auch nicht zu umgehen.

Wir erfuhren, dass die Partnervermittlung Rose dem Ehepaar Kunz zu gleichen Teilen gehörte. Vor zehn Jahren hatten sie den Entschluss gefasst, sich mit einer eigenen Agentur selbständig zu machen. Zuvor hatte Herr Kunz als Versicherungsvertreter gearbeitet – ich hatte mir schon so etwas gedacht –, und Frau Kunz war gelernte Kosmetikerin. Er erzählte, dass sie beide nach etwas Besonderem gesucht hätten, etwas, das ihren Ansprüchen an das Leben gerecht werden würde.

So wie er redete, war klar, dass es ihnen bei ihrer Entscheidung vor allem um Geld und Ansehen gegangen war, und beides war bis heute ihre größte Motivation. Auf die Idee, eine Partnervermittlung zu eröffnen, brachte sie ein Freund, der auf diese Weise seine Frau kennengelernt hatte. Und schon nach kurzer Zeit stellte sich heraus: Die Kunzes hatten Erfolg. Ihr Konzept zeigte Wirkung, und sie konnten sich nach und nach eine gute Reputation aufbauen. Bald schon eröffneten sie Niederlassungen in großen deutschen Städten. Als ich anfing, bei der Partnervermittlung Rose zu arbeiten, gab es Ableger in Hamburg, Hannover, Stuttgart,

München und Düsseldorf. Jedes Büro beschäftigte mindestens zehn Mitarbeiter.

Als Nächstes behandelte Herr Kunz' Vortrag die Frage, wie eine erfolgreiche Partnervermittlung funktioniert.

Wir lernten, dass jede Agentur zunächst mit der Aufnahme von möglichst vielen Partnersuchenden beginnt, deren Stammdaten erfasst, in einem Datenpool hinterlegt und sorgsam verwaltet werden. Das Ziel ist, diesen Pool stets um neue Klienten zu erweitern, deshalb werden am Wochenende in den regionalen Zeitungen Anzeigen in unterschiedlicher Form geschaltet.

Eine ganz allgemeine Anzeige, so lernte ich, sah zum Beispiel so aus:

Suchen Sie einen Partner? Wir haben ihn für Sie!
Rufen Sie an oder schreiben Sie uns …

Die Resonanz auf allgemeingültige Annoncen wie diese hielt sich allerdings in Grenzen. Man brauchte sie jedoch, um die Anzahl der Interessenten zu vergrößern und um der Konkurrenz zu signalisieren, dass man aktiv war, Erfolg hatte und keine Kosten scheute. Und nicht zuletzt gewann die Leserschaft so den Eindruck, dass die Agentur eine reiche Auswahl an potentiellen Partnern zu bieten habe. Das alles förderte das Image der Partnervermittlung und das Vertrauen, das die Kunden unbedingt aufbauen mussten, um die Dienste der Agentur in Anspruch zu nehmen.

Neben der allgemeinen Anzeige wurde natürlich auch bezogen auf konkrete Personen geworben. Auf diese Inserate kamen weitaus mehr Anrufe und Briefe von Interessenten. Die Anzeige einer Frau mittleren Alters sah zum Beispiel so aus:

Anne ist eine attraktive Witwe, 50/166,
etwas mollig, aber mit schöner Figur. Sie möchte wieder einen Mann kennenlernen, für den sie sorgen kann. Sie hat ein schönes Häuschen, kocht gerne und liebt Gartenarbeit. Sie brauchen nicht vermögend zu sein, denn Anne hat eine gute Witwenrente. Rufen Sie an oder schreiben Sie uns …

Ja, ich weiß, das klingt aus heutiger Sicht ziemlich lächerlich. Aber damals tickten die Uhren noch ein bisschen anders, und zwar speziell die Uhren für Partnersuchende in der Altersgruppe fünfzig und älter. Da hatte eine Frau im Grunde nur eine Möglichkeit, einen Mann zu finden: über die Rolle als ordentliche und gute Hausfrau. Seltsamerweise stoße ich auch heute noch hin und wieder auf Anzeigen wie diese, wenn auch zum Glück nur noch selten.

Natürlich stellt sich nun die Frage, welche Männer auf eine solche Anzeige reagieren. Ganz einfach: alle, die nicht kochen können, die nicht wissen, wie ein Haushalt funktioniert, deren Mutter beziehungsweise Frau gestorben oder weggelaufen ist, spätestens dann, wenn die jüngste Tochter heiratet –, ach ja, und Dr. Eisenberg, der nette »cholerische« Anwalt, mein erster Kunde.

Für ihn wiederum suchten wir übrigens mit dieser Anzeige eine passende Partnerin:

Dr. Klaus E., Anwalt in eigener Kanzlei, ist ein Mann, den die Frauen lieben.
Im besten Alter von 54/180 sucht er endlich die Erfüllung seines Lebens. Eine Frau, die ihm den Rücken freihält und ihn umsorgt, wenn er abends erschöpft nach Hause kommt. Er wird Ihnen dafür dankbar sein und Ihnen ein

finanziell sorgenfreies Leben bieten. Spätere Heirat nicht ausgeschlossen. Rufen Sie an oder schreiben Sie unter …

Und welche Frauen reagierten auf diese Anzeige?

Nun, Frauen, die kochen können, die wissen, wie ein Haushalt funktioniert, deren Mann gestorben oder weggelaufen ist, spätestens, wenn der jüngste Sohn auszieht und heiratet –, ach ja, und die nette Witwe, Frau Teewes, deren Mann das Vermögen mit der Freundin durchgebracht hatte.

Die Anzeigen waren ein wirkungsvolles Mittel, um den Kontakt zu neuen potentiellen Kunden herzustellen. Bei der Partnervermittlung Rose gingen damals auf jede Anzeige circa 20 Anrufe ein. Unter den Interessenten waren Intellektuelle, Arbeitslose, Akademiker, Arbeiter, Beamte, Angestellte, Hausfrauen, Freiberufler, Privatiers, Unternehmer, Handwerker und, und, und … Alle sozialen Schichten und jede erdenkliche Berufsgruppe waren vertreten.

Das Büro war sieben Tage die Woche von morgens bis abends besetzt, am Wochenende sogar verstärkt. Das Telefon stand nie still. Nachmittags saßen bis zu drei Personen im Büro, um Anrufe entgegenzunehmen. Jeden Samstag erschienen in allen großen Tageszeitungen bis zu zwölf personenbezogene Anzeigen. Jeder Anrufer, der sich darauf meldete, wurde angehört und sein Anliegen kurz notiert, gegebenenfalls wurde direkt eine Referenznummer angelegt. Dadurch konnten die Anrufer gleich der jeweiligen Anzeige zugeordnet werden, die ihr Interesse geweckt hatte.

Bei der ersten Kontaktaufnahme wurden lediglich die wichtigsten Eckdaten notiert: Alter, Beruf, Anzahl der Kinder, Familienstand, Telefonnummer und Wohnort. Diese Angaben wurden dann an uns Außendienstmitarbeiter weitergegeben. Unsere Aufgabe war es, die Leute zurückzurufen und möglichst bald einen Gesprächstermin mit ihnen zu vereinbaren. Am Telefon gaben wir nicht viel preis, stattdessen drängten wir auf ein persönliches Gespräch, das nach Möglichkeit bei dem Kunden zu Hause stattfinden sollte.

Bei diesem Gespräch fragten wir zunächst nach den genauen Wünschen und Vorstellungen unserer möglichen Klienten, strebten dann aber zielsicher den Punkt an, der der Partnervermittlung Rose am wichtigsten war: der Abschluss eines Vermittlungsvertrages.

Wenn wir die Interessenten überzeugen konnten, einen Vertrag zu schließen, füllten wir als Nächstes gemeinsam mit ihnen einen Fragebogen aus. Dort wurden detailliertere Angaben notiert, die wir für die Vermittlung benötigten, also Informationen über die biographischen Eckdaten, Vermögensverhältnisse, besondere Umstände und natürlich die Wünsche und Erwartungen an den zukünftigen Partner. Gerade männlichen Anrufern durften wir im ersten Telefonat nichts von einer Preistabelle erzählen. Herr Kunz meinte dazu nur lapidar: »Wenn Sie erst mal bei denen zu Hause sind, haben Sie es leichter, einen unterzeichneten Vertrag zu bekommen.«

Jeden Dienstag fand ein kurzes Meeting in der Düsseldorfer Zentrale statt. Dort legten wir unseren Wochenbericht und die neu abgeschlossenen Verträge vor. Natürlich war jeder Mitarbeiter neugierig zu erfahren, wie viele Verträge die anderen abgeschlossen hatten und wie hoch der jeweilige wöchentliche Umsatz war.

Herr Kunz schob ein weißes Flipchart in den Besprechungsraum und notierte darauf, für uns alle sichtbar, Name des jeweiligen Mitarbeiters, Kalenderwoche und Wochenumsatz. Anhand dieser Tabelle konnte jeder Mitarbeiter ablesen, wie erfolgreich er gearbeitet hatte und welchen Platz er im internen Konkurrenzkampf erreicht hatte. Für die Agentur war dies ein probates Mittel, die Mitarbeiter zu besseren Leistungen anzuspornen. Schließlich wollte jeder seinen Namen ganz oben am Tabellenkopf wiederfinden.

Anschließend wurde das neue »Adressenmaterial« vom Wochenende verteilt. Die meisten Anrufe gingen samstags und sonntags ein – an den Tagen, an denen die Einsamkeit am größten ist.

Was geschah mit den Verträgen, die wir abgeschlossen hatten? Irgendwo im platten und verregneten Westfalen befand sich ein kleines Dorf, in dem die eigentliche Zentrale der Agentur beheimatet war. Alle Verträge aus Deutschland wurden dort verwaltet. Acht Büroangestellte werteten die eingereichten Fragebögen der Klienten aus und versuchten, sie im Datenpool richtig zu platzieren. Aus dieser Datenmenge erstellten sie anschließend, ohne die Suchenden persönlich zu kennen oder je mit ihnen gesprochen zu haben, Partnervorschläge.

Sie verglichen Wunschlisten, Alter, Herkunft, Haarfarbe, Figur und so weiter mit den anderen Daten aus dem Pool. Genügende Übereinstimmungen bei diesen Kriterien reichten, zumindest bei den Kunzes, um zwei Menschen miteinander bekannt zu machen. Herr Kunz erzählte uns voller Stolz, dass es seine Idee gewesen sei, diese »zentrale Verwaltung« eingeführt zu haben.

Mir kamen da ernsthafte Zweifel: Konnte man wirklich, ohne die Personen, um die es ging, zu kennen, allein aufgrund von Angaben wie sportlichen und kulturellen Interessen, anhand einer Wunschliste, einer Profilseite und eines Fotos Menschen zusammenbringen? Das schien mir doch ein ziemlich schwieriges Unterfangen zu sein. Zumindest hätte es Heerscharen an psychologisch ausgebildeten Fachleuten in der Zentrale der Agentur Rose bedurft. In unserem Düsseldorfer Büro jedenfalls gab es keine Spur von solchen Experten, und die Zentrale blieb, jedenfalls für mich, eine mysteriöse Angelegenheit.

Die Zeit verging im ständig wiederkehrenden Wochenrhythmus: Meeting jeden Dienstag, anschließend Telefonate und Gespräche mit potentiellen Klienten und Informationstermine. Am Wochenende erledigte ich die Schreib- und Verwaltungsarbeiten. Der Ablauf wurde bald zur Routine. Adressen abarbeiten, so viele Verträge wie möglich abschließen und viel Geld verdienen – das war das Motto von Herrn Kunz.

Natürlich gefiel mir der Gedanke, Geld zu verdienen, auch gut. Mittlerweile besaß ich ein eigenes Kostüm und das zweite Paar Pumps. Außerdem hatte ich mir ein schickes neues gebrauchtes Auto gekauft. In elegantem Schwarz. Mit Lederausstattung. Es hatte noch neun Monate TÜV. Ein echter Oldtimer, allerdings nur deshalb, weil es absolut out war. Ich aber liebte mein Auto und war mächtig stolz, es zu fahren!

Mit der Zeit veränderte auch ich mich ein wenig. Ich trug meine Haare kürzer und mit blonden oder eigentlich eher grauen Strähnchen – ich fand, dass ich dadurch älter wirkte. Eine neue Brille hatte ich mir außerdem gekauft. Mit einem schwarzen Gestell. Das wirkte sehr intellektuell. Nun, da ich einen Job hatte, der für meine Begriffe wahre Reichtümer einbrachte, konnte ich mir einiges leisten. Zum ersten Mal im Leben unternahm ich zum Beispiel allein eine Flugreise. Nach Thailand. Diese Reise hat mich sehr geprägt. Aus eigener Anschauung wusste ich nun, dass die Erde keine Scheibe ist.

Ich fühlte mich rundum wohl in meinem neuen Leben. Ich

war ein unabhängiger, zufriedener Single. Ein Kunde fragte mich einmal, ob ich einen Partner hätte. Noch bevor ich antworten konnte, sagte er: »Aber natürlich haben Sie einen Mann. Sonst wären Sie ja wie ein Zahnarzt ohne Zähne.« Irgendwie hatte er recht. Daraufhin kaufte ich mir einen Ehering und gab mich als verheiratete Frau aus. Das hatte zudem noch den großen Vorteil, dass so mancher Kunde nicht mehr auf die Idee kam, gleich mich heiraten zu wollen. Was mir dagegen nicht so gefiel, war, dass der Kontakt zu den Kunden sich nur auf ein Gespräch reduzierte. Und zwar das Verkaufsgespräch. Zugegeben, bei manchen Kunden hätte ich auch nicht mehr Kontakt gewollt. Aber es gab ja auch die netten, interessanten Menschen, die bewegende Lebensgeschichten zu erzählen hatten. So wie Frau Meiner.

Kapitel 6

Am Telefon erzählte mir Frau Meiner, dass sie 42 Jahre alt und Hausfrau sei, einen erwachsenen Sohn habe und allein lebe. Ich versuchte, mir anhand dieser Eckdaten ein Bild von ihr zu machen. Wahrscheinlich hatte der Vater des Kindes sie während der Schwangerschaft verlassen, und sie hatte sich seitdem ganz allein durchs Leben kämpfen müssen. Sie war 22 gewesen, als ihr Sohn zur Welt kam. Jetzt, da er erwachsen war, wollte sie sicherlich noch einmal ganz von vorne anfangen, eine harmonische Beziehung leben und – so mutmaßte ich – richtig glücklich werden.

Vielleicht war sie aber auch schon immer zufrieden und fühlte sich in ihrer Situation grundsätzlich wohl. War sie immer Hausfrau gewesen? Dann ging es ihr sicherlich finanziell nicht besonders gut. Vermutlich wohnte sie in einem dieser tristen Wohnblocks, war mittellos, litt unter Depressionen, und ich würde wieder sechs Stunden an einem Wohnzimmertisch sitzen, Kaffee nippen und am Ende feststellen müssen, dass ich ihr nicht helfen konnte.

Lohnte es sich denn überhaupt hinzugehen? Meine Zweifel hatten mich voll im Griff. Ich fragte mich ernsthaft, ob ich wieder bei der Caritas arbeiten sollte. Dort hatte ich feste Vorgaben und Handlungsabläufe gehabt und das Gefühl, etwas für Menschen in Not tun zu können … Aber nein, ich wollte nicht zurück in mein altes Leben.

Also blieb mir nichts anderes übrig, als mich auf dieses

Treffen einzulassen. Da stand ich nun wieder vor einem Mietshaus. Es lag in einer Wohngegend mit einer verkehrsberuhigten Straße, vielen Bäumen und einem einladenden Park mit einem großen Spielplatz. Eine wahre Familienidylle. Eigentlich doch ganz freundlich.

Ermutigt drückte ich auf den Klingelknopf und betrat im nächsten Moment das Haus. Frau Meiner wartete bereits an der offenen Wohnungstür auf mich. Als ich sie sah, war ich überrascht. Eine ausgesprochen attraktive Frau lud mich mit einer höflichen Handbewegung in ihre Wohnung ein. Sie war nicht sehr groß, schlank, um nicht zu sagen zierlich. Ihre langen Haare hatte sie zu einem graziösen Knoten gebunden, wodurch ihre klassischen Gesichtszüge voll zur Geltung kamen. Wie eine Katze schlich sie geschmeidig durch die Wohnung. Während sie Kaffee holte, sah ich mich in aller Ruhe um. Wohnungen und Häuser sagen so viel über ihre Bewohner aus, und dieses war ein gepflegtes, kleines und gemütliches Domizil.

Nach dem üblichen Small Talk, dem Kaffee und den ausgetauschten Komplimenten kam ich zum eigentlichen Thema und fragte Frau Meiner, was ich für sie tun könne. Sie antwortete ebenso direkt und unverblümt, wie ich sie angesprochen hatte: »Mein Sohn wird zwanzig und möchte nach Freiburg ziehen, um zu studieren. Dann bin ich wieder frei und würde gerne eine intensive Freundschaft zu einem Mann aufbauen, aus der eventuell mehr entsteht. Später könnte ich mir vorstellen zu heiraten.«

Wie vornehm und zurückhaltend sie sprach. Eine Stunde lang erzählte sie mir von ihren beruflichen Reisen und wie sie sich ihren Lebenspartner und ihre Zukunft vorstellte. Dabei verlor sie kein Wort über ihre Vergangenheit. Ich hatte den Eindruck, dass sie traurig wirkte, verloren. Hatte sie es im Leben sehr schwer gehabt? Finanziell ging es ihr anscheinend gut, und so lauschte ich entspannt ihren Anekdoten über die Metropolen dieser Welt. Sie hatte alle Kontinente bereist, sprach fließend Englisch und Französisch. Sie war verlockend und faszinierend, ein Mensch, der in der großen weiten Welt zu Hause war. Ich fragte sie: »Was haben Sie beruflich gemacht?«

»Ich war Ballett-Tänzerin«, antwortete sie, »bis ich schwanger wurde. Da musste ich aufhören zu tanzen. Als mein Sohn ein Jahr alt war, habe ich die Truppe manchmal auf Tourneen begleitet. Als Mädchen für alles. Nachdem mein Sohn dann in die Schule kam, ging das nicht mehr. Ich bin zu Hause geblieben und habe ihn großgezogen.«

»Wo bleibt denn in Ihrer Lebensgeschichte der Vater Ihres Sohnes?«, fragte ich sie interessiert. Sie stockte, blickte mich eine Weile erschrocken an und fing schließlich an zu weinen. Ich hätte mir denken können, dass sie darüber nicht sprechen wollte. Sie hätte es sonst längst getan. Ich schämte mich für meine Frage. Sie weinte fast fünfzehn Minuten lang. Es war herzzerreißend. Ich saß ihr schweigend gegenüber. Sollte ich sie trösten und in den Arm nehmen? Nein, das würde sie nicht wollen. Sie war eine stolze Frau. Es war sicherlich schon schlimm genug für sie, dass sie in meiner Gegenwart weinen musste. Also beschloss ich zu warten. Was war ihr nur Schreckliches widerfahren?

Nach zwei Packungen Taschentüchern entschuldigte sie sich, um ins Bad zu gehen und sich frisch zu machen. Fünf Minuten später kam sie zurück. Ihre Augen waren verquollen. Sie ging zum Wohnzimmerschrank, holte zwei Gläschen und eine Flasche Kräuterschnaps heraus. Den konnte ich jetzt wirklich gut gebrauchen. Sie schenkte schweigend ein, und wir tranken. Das wiederholten wir dreimal. Dann erhob sie sich, ging zum Schrank, kramte ein Fotoalbum hervor und setzte sich zu mir auf die Couch.

»Ich werde Ihnen meine Lebensgeschichte erzählen. Aber Sie müssen wissen, dass Sie der erste Mensch außer meinem Sohn sind, mit dem ich je darüber gesprochen habe. Ich glaube, es ist an der Zeit, sie zu erzählen.« Verlegen starrte sie auf das Fotoalbum in ihrem Schoß und begann zögernd zu sprechen:

»Ich war eine sehr begabte Tänzerin mit vielen Engagements und in meinem Beruf absolut glücklich. Natürlich war das Training sehr hart und entbehrungsreich, aber ich war schon seit meiner frühen Kindheit daran gewöhnt. Auf der Bühne zu stehen und zu tanzen war mein Lebenstraum. Durch meinen Beruf war ich viel auf Reisen, und ich hatte Unmengen an Verehrern. Ich wurde oft von Männern eingeladen, aber es war nie jemand dabei, für den ich mich hätte erwärmen können. Zudem wollte ich auf keinen Fall das Tanzen aufgeben, und ich hatte beschlossen, die Familiengründung noch ein wenig aufzuschieben. Die Liebe musste warten.« Sie schnäuzte in ein Taschentuch, dann fuhr sie fort. »Entgegen meiner Vorsätze kam die Liebe dann plötzlich doch wie ein Paukenschlag in mein Leben. Er hieß Sebastian und war ein überaus erfolgreicher Dirigent, obwohl er damals erst 35 Jahre alt war. Er sah aus wie ein junger Gott: groß, schlank, mit dunklen langen Locken, die immer wild in sein Gesicht fielen, wenn er dirigierte. Mich traf die Liebe unvorbereitet und mit voller Wucht. Als er mir vorgestellt wurde, stand ich mit 20 anderen Tänzerinnen im Kostüm auf der Bühne. Er ging an uns vorbei und begrüßte jede von uns mit einem Handkuss. Er war ein perfekter Gentleman. Bei mir blieb er kurz stehen, schaute mir in die Augen und bat darum, mich nach der Vorstellung sehen zu dürfen. Er sprach leise und eindringlich. So begann unsere große Liebesgeschichte. Ich war im siebten Himmel.

Dass ich mit 20 eigentlich noch keine feste Beziehung eingehen wollte, war mir plötzlich egal. Ich wollte nur noch ihn. Er war der erste Mann in meinem Leben, und für mich stand fest, dass es nie wieder einen anderen geben würde. Wir hatten eine wunderschöne Zeit zusammen. Nach jeder Aufführung trafen wir uns heimlich im Hotel. Er wollte nicht, dass jemand von unserer Liebe erfuhr, weil er die Presse nicht mochte und sein Privatleben geheim halten wollte. Mir war das vollkommen egal. Hauptsache, ich konnte mit ihm zusammen sein.

Die nächsten Monate haben wir alles versucht, um unsere Engagements zusammenzulegen. Wenn es organisatorisch nicht funktionierte, reiste er zu mir oder ich zu ihm. Das Leben war ein wunderbarer Rausch, eine Droge, die keinen Kater verursachte.« Sie begann wieder zu schluchzen, was nicht zu ihrer vorhergehenden Schilderung passte.

»Eines Morgens sah ich ihm bei einer Probe zu, als auf einmal eine Frau hereinkam und sich zu mir setzte. Sie fing an zu schwärmen: ›Ist er nicht traumhaft? Sieht er nicht göttlich aus? Wie von einem anderen Stern. Ich werde ihm heute das größte Geschenk seines Lebens machen!‹«

Sie lief aus dem Saal. Nun ja, Sebastian hatte viele Verehrerinnen, und einige davon konnten sehr anhänglich sein. Aber diese war geradezu theatralisch. Ich dachte mir nichts dabei und freute mich, ihn im Anschluss an die Probe zu treffen. Ich ging hinter die Bühne, um dort auf ihn zu warten. Dort sah ich, wie die Frau, die vorher neben mir gesessen hatte, zu ihm ging, und ich hörte, wie sie sagte: ›Mein Liebling, ich musste herkommen, ich kann es nicht mehr abwarten, ich muss es dir sagen: Wir bekommen wieder ein

Baby!‹ Sie hatte es so laut gesagt, dass alle Umstehenden es hören konnten. Die anwesenden Musiker klatschten, und er lief auf sie zu und wirbelte sie langsam durch die Luft. Mir wurde schwindlig.

Was war da gerade passiert? War ich denn nur ein Spiel für ihn, eine Lüge? Die dumme Geliebte, die nichtsahnend am Rand steht und tatenlos zusieht, wie ihr Herz zerbricht. Am selben Abend bekam ich eine Nachricht von ihm. Ich öffnete den Umschlag und las die kurze Nachricht: *Sei mir nicht böse. Ich werde dir alles erklären. Ich liebe dich.* Weinend warf ich mich auf mein Bett.

Erst fünf Tage später sah ich ihn wieder und erfuhr die ganze Geschichte: Er war seit fünfzehn Jahren verheiratet. Sie hatten eine fünfjährige Tochter, und nun war seine Frau wieder schwanger. Die Freude war so groß, weil sie nicht damit gerechnet hatten. Seine Frau war krank, und man glaubte nicht, dass sie noch ein Kind gebären könnte.«

»Hat er Ihnen vorher denn nie erzählt, dass er verheiratet ist?«, tastete ich mich behutsam vor.

»Nein, das hat er nicht, obwohl er es wohl öfter versucht hatte. Er liebte mich über alles und hat es nicht geschafft. Er war ein genialer Künstler mit einem großen Herzen, aber leider nicht sehr mutig. Ich habe dann versucht, mich von ihm zu trennen. Aber ich habe es nicht geschafft, es ging einfach nicht. Wenn ich nicht bei ihm war, habe ich gelitten wie ein verletztes Tier. Nur er konnte meine Wunden heilen, ich verzieh ihm, und er kam immer wieder zu mir zurück. Eines Tages stellte ich fest, dass ich schwanger war. Nach einer dramatischen Aussprache war uns beiden klar, dass wir dieses Kind bekommen würden. Als Krönung unserer geheimen Liebe sozusagen. Er machte mir aber auch deutlich, dass er seine Familie niemals verlassen würde. Schweren Herzens willigte ich ein. Insgeheim war ich stolz darauf, dass er ein so verantwortungsvoller Mann war.

Wir versuchten weiterhin, unsere Termine zu koordinieren und zusammenzuarbeiten. Die ersten Jahre funktionierte das Arrangement ganz gut. Aber, wie gesagt, als unser Sohn dann in die Schule kam, wurde es schwieriger. In den Ferien bin ich dorthin gereist, wo er gerade Auftritte hatte. Zwischendurch kam er zu uns. Es wurde allerdings immer schwieriger, je größer sein Bekanntheitsgrad wurde.«

»Sie haben nie jemandem von Ihrer Liebe erzählt?«, fragte ich.

»Nein, niemals ein Wort zu einem Außenstehenden, bis zum heutigen Tag. Diese Liebe war immer stark. Ich habe ihn mit seiner Familie geteilt. Uns konnte nichts trennen, bis …« Sie schenkte uns noch ein Glas ein. Ich glaube, es war das sechste.

»Eines Tages, es waren in der Zwischenzeit viele Jahre vergangen, kam er zu mir. Er schenkte mir einen traumhaft schönen Ring und bat mich darum, ihn zu heiraten. Ich konnte es gar nicht glauben. Er hatte seiner Frau mitgeteilt, dass er die Ehe beenden wollte, jetzt, wo die jüngste Tochter erwachsen war. Und sie war tatsächlich einverstanden. Sie einigten sich auf eine großzügige Abfindung und trennten sich in Freundschaft. Er war frei. Frei für mich. An diesem Abend gingen wir mit unserem Sohn essen. Er freute sich riesig. ›Dann bekomme ich ja doch noch richtige, verheiratete Eltern‹, sagte er immer wieder. Können Sie sich vorstellen, wie ich mich freute? Zwanzig Jahre Heimlichkeiten, Einsamkeit vorbei. Endlich mit dem Mann zusammen sein, dem mein Leben gehörte. Die Nacht, die wir daraufhin verbrachten, war nach unserem Sohn die Krönung für mich. Endlich, endlich ein gemeinsames Leben.« Sie wurde ganz ruhig.

»Was passierte danach?«, wollte ich wissen.

»Am nächsten Morgen flog er nach New York. Er hatte dort einen wichtigen Auftritt und wurde enthusiastisch gefeiert. Das Konzert wurde live in alle Welt übertragen. Ich konnte ihn im Fernsehen bewundern. Stolz und Liebe für ihn erfüllten mich, das Glück war fast vollkommen. Nach diesem Konzert ging er spazieren, wie er es immer tat. Eine alte Gewohnheit von ihm. Für den Rückweg wollte er ein Taxi rufen, lief an den Straßenrand und wurde von einem Auto erfasst. Er war auf der Stelle tot. Einfach so! Ich habe mich noch nicht einmal von ihm verabschieden können.«

Bedrückende Stille im Wohnzimmer. Welch ein Schicksal. Sie schenkte uns ein weiteres Glas ein. Das brauchte ich nun auch.

»Ich durfte nicht zu seiner Beerdigung kommen«, fuhr sie fort. »Die fand im engsten Familienkreis statt, und von mir wusste ja niemand. Er hat seiner Frau nie erzählt, dass es mich und einen Sohn gibt. Das alles ist nun ein Jahr her. Seitdem gebe ich wieder Tanzunterricht. Solange er lebte, hat er finanziell für uns gesorgt. An einen plötzlichen Tod hat keiner von uns gedacht, und deshalb hat er auch keine besonderen Vorkehrungen getroffen. Nur das Geld, das unser Sohn jetzt für sein Studium braucht, das hat er hinterlegt. Zum Glück. Weil es so einfacher ist, hat er gesagt. Ja, einfacher. Zum Glück.«

Sie sah mich an und lächelte. »Ich möchte nicht mehr länger einsam sein. Mein ganzes Leben lang war ich allein und doch auch irgendwie nicht. Nun möchte ich endlich mit einem Mann leben. Und jetzt, da ich Ihnen meine Geschichte erzählt habe, fühle ich mich gut. So, als ginge es endlich aufwärts.«

Sie sah wirklich besser aus. Die unendliche Traurigkeit,

mit der sie mich empfangen hatte, schien gewichen zu sein. Nicht ganz natürlich, aber zumindest ein wenig. »Frau Meiner, darf ich Ihnen einen Rat geben? Warten Sie noch eine Weile mit der Partnersuche. Geben Sie sich Zeit zu trauern.«

»Wissen Sie, ich habe mein Schicksal nie beweint. Niemand hat eine Ahnung davon, was ich verloren habe. Nach außen hin war schließlich nichts passiert. Für mein gesamtes Umfeld gab es keinen Einschnitt. Ich bin ledig, habe ein Kind und gebe Tanzunterricht. Aber vielleicht haben Sie recht. Ich sollte mir noch ein bisschen Zeit geben. Darf ich Sie zu einem späteren Zeitpunkt noch mal anrufen?«

Ich war sehr froh über ihren Vorschlag. Wir verabschiedeten uns herzlich. Nachdenklich und ein wenig wackelig auf den Beinen ging ich die Treppe hinunter und dachte: Ich werde heute keine Termine mehr wahrnehmen – und eigentlich sollte ich auch nicht mehr Auto fahren.

Kapitel 7

Was wäre geschehen, wenn Frau Meiner gleich bei unserem Treffen einen Vertrag abgeschlossen hätte? Hätte ich es zulassen dürfen, dass sie in der zentralen Vermittlungsstelle verwaltet worden wäre? Diese außergewöhnliche und besondere Frau mit ihrer tragischen Lebensgeschichte wäre allein nach ihren äußeren Merkmalen erfasst worden. Ich malte mir aus, wie Frau Meiner entsprechende Vorschläge aus unserem »Fundus« präsentiert bekäme.

Nein, das ging wirklich nicht. Ganz abgesehen davon war sie noch gar nicht fähig, eine neue Beziehung zu beginnen. Meine Zweifel am System der Partnervermittlung Rose wurden größer. Wie würde Herr Kunz wohl reagieren, wenn ich ihm meine Gedanken mitteilte? Würde er mich entlassen? Einfach auswechseln? Ein ungutes Gefühl beschlich mich.

Nach einem der üblichen Dienstagtreffen in der Agentur beschlossen Veronica und ich, zusammen zu essen. Sie trug an diesem Tag ein knallrotes Wildlederkostüm, dazu hohe Stiefel, und ihre schwarzen kurzen Haare schimmerten glänzend. Bis auf den knallroten Lippenstift war sie kaum geschminkt.

Im Restaurant zündete sie sich erst einmal einen Zigarillo an. Irgendwie passte das gut zu ihr. Als ich sie ansah, fiel mir wieder einmal auf, was für eine sympathische und extravagante Frau sie war. Doch obwohl wir nun schon seit einigen Monaten zusammenarbeiteten, wusste ich noch nicht wirklich viel über sie. Umso mehr freute ich mich nun auf unser Mittagessen und hoffte, dabei endlich ein bisschen mehr über sie zu erfahren. Das war allerdings schwerer, als ich erwartet hatte.

Eine halbe Stunde lang plauderte ich einfach drauflos, um das Eis zu brechen und erzählte von mir. Doch Veronica zeigte sich nicht wirklich interessiert. Schweigend hörte sie mir zu, hob ab und zu eine Augenbraue oder runzelte die Stirn. Ein harter Brocken, dachte ich mir und beschloss, es ganz direkt zu versuchen.

»Erzähl doch mal was über dich«, forderte ich sie auf.

»Nein, keine Lust«, antwortete sie nur.

Na, das klappte doch hervorragend mit dem näheren Kennenlernen. Ich war mit meinem Latein am Ende. Offenbar hatte sie kein Interesse, dass wir uns anfreundeten. Ich beschloss, auch keinen weiteren Versuch zu starten und stocherte lustlos in meinem Essen herum.

Aber auch wenn sie mich gerade hatte abblitzen lassen, irgendwie mochte ich sie. Sie hatte etwas Geheimnisvolles, und ich hätte gerne mehr über sie gewusst. Zum Beispiel, ob ihre harte Schale echt war oder ob sich dahinter doch ein einfühlsamer Mensch verbarg.

Die Antwort darauf lieferte sie mir prompt, als sie doch noch beschloss, sich an unserem Gespräch zu beteiligen und mir von einem ihrer Kunden erzählte: »Letzte Woche hatte ich einen Termin bei einem ganz sympathischen Herrn, und dabei kam mir sofort die Frau in den Sinn, von der du mal ganz am Anfang erzählt hast. Du weißt schon, die, die von ihrem Mann verlassen wurde und kein Geld hat. Er ist Kunstschreiner und besitzt eine kleine exklusive Schreinerei. Seine Frau ist vor einem Jahr gestorben, und jetzt ist er ganz allein. Ein ruhiger, kultivierter Mann mit Stil, Herz und Humor, einem großen Haus mit Katze und Garten. Ich dachte, er wäre genau der richtige Partner für die Frau, die du beschrieben hast. Die würden bestimmt gut zusammenpassen. Er würde sie verwöhnen, sie könnte sein Büro übernehmen, und alle wären glücklich. Nur Herr Kunz nicht, der würde sicher schäumen vor Wut. Zusammenkommen dürfen schließlich nur Leute, die dafür bezahlt haben.«

Ich nickte zustimmend und nachdenklich. Veronica sah mich mit einem verschwörerischen Lächeln an. »Was meinst du, sollen wir die beiden nicht heimlich miteinander bekannt machen? Muss ja keiner erfahren.«

Ich war Feuer und Flamme. »Au ja, genau, das machen wir.« Ich war ganz aufgeregt, und der Gedanke, Frau Teewes doch noch helfen zu können, brachte meinen Magen zum Kribbeln.

Veronica lächelte zufrieden und zog an ihrem Zigarillo. Stille Wasser sind tief, dachte ich mir, als ich sie beobachtete. Wir beschlossen, von nun an öfter dienstags essen zu gehen.

Einige Wochen später bat mich Herr Kunz zu einem Gespräch unter vier Augen in sein Büro. Ich war sehr überrascht, denn eigentlich entsprach es gar nicht seiner Art, persönlich mit seinen Mitarbeitern zu sprechen. Mir war etwas mulmig.

»Frau Klein«, begann er ziemlich streng. »Ich habe erfahren, dass Sie Herrn Müller, den Schreiner, mit Frau Teewes zusammengebracht haben. Die Dame ist nicht einmal Kundin bei uns. Was haben Sie sich dabei gedacht?«

Jetzt musste ich schnell überlegen, ob ich diesen Job behalten wollte oder nicht. Ich wollte.

»Ich hatte mir überlegt, dass diese beiden Menschen sehr gut zusammenpassen würden, und fand es schade, dass sie sich nicht kennenlernen können, nur weil Frau Teewes sich das Honorar nicht leisten kann«, sagte ich etwas kleinlaut.

»Frau Klein, es ist nicht Ihre Aufgabe, die Kunden zu vermitteln. Ganz zu schweigen von den finanziellen Nachteilen, die uns dadurch entstanden sind.«

Wie bitte?

»Außerdem haben Sie eigenmächtig gehandelt. Glauben Sie denn, ich hätte das nicht erfahren? Mir sind sämtliche Vorgänge bekannt. Pia erzählte mir von Herrn Müllers Anruf.«

Natürlich Pia, das hätte ich mir ja denken können. Sie konnte und wollte ihren Mund einfach nicht halten.

»Er wollte sich persönlich bei Ihnen und Frau Tregner bedanken. Die beiden sind, dank Ihrer Hilfe, ein Paar geworden und wollen heiraten.«

»Das freut mich sehr«, antwortete ich. »Sehen Sie, Herr Kunz, jetzt haben Sie ein überglückliches Paar, das gewiss für brilliante Mund-zu-Mund-Werbung sorgen wird. Trotzdem entschuldige ich mich für mein eigenmächtiges Handeln.« Wie weit musste ich noch gehen, um diesen Job zu behalten?

»So, Sie entschuldigen sich. Wunderbar! Das erleichtert natürlich unsere weitere Zusammenarbeit. Vor allem nachdem ich heute Morgen schon ein sehr unerfreuliches Gespräch mit Frau Tregner geführt habe. Sie war nicht so einsichtig wie Sie und hat am Ende sogar gekündigt.«

Das konnte doch nicht wahr sein! Ich war fassungslos. Veronica hatte gekündigt?

Auf einmal hatte ich es sehr eilig, Herrn Kunz' Standpauke zu entkommen. Ich musste unbedingt mit Veronica sprechen. Also entschuldigte ich mich noch einmal artig, und damit war die Sache endlich geklärt.

Ich machte mich gleich im Anschluss an dieses Gespräch

auf den Heimweg. An Arbeiten war heute nicht mehr zu denken. Von zu Hause aus rief ich Veronica an, um mich mit ihr für später zum Essen zu verabreden. Ich brauchte unbedingt einen Abend mit einer Freundin. Außerdem wollte ich natürlich wissen, warum sie so spontan gekündigt hatte.

Veronica wartete bereits bei unserem Lieblingsitaliener auf mich. Sie saß an einem kleinen Tisch in der Ecke und hatte ein Glas Rotwein vor sich stehen. Als ich auf sie zukam, begrüßte sie mich gutgelaunt – was mich erstaunte. Schließlich war sie seit heute arbeitslos! Manchmal wurde ich nicht ganz schlau aus Veronica. Sie war verschlossen und geheimnisvoll, und häufig konnte ich ihr Verhalten nicht recht einordnen. Meistens war sie vertrauensvoll und herzlich, allerdings nur solange man ihr keine persönlichen Fragen stellte. Sobald ich aus Versehen zu privat wurde, reagierte sie gereizt, manchmal sogar geradezu grob. Mittlerweile kannte ich sie gut genug und hatte mir abgewöhnt, Fragen zu stellen. Aber heute war das etwas anderes.

»Seit wann lässt du dich von Frauen wie Pia so einschüchtern und wirfst gleich deinen Job hin?«, wollte ich wissen.

Sie sah mich durchdringend an. Ihr Blick war mir unangenehm. Sie fing an zu überlegen und beobachtete mich dabei die ganze Zeit sehr genau. Schließlich beugte sie sich vor, ihre Augen ruhten auf meinem Gesicht, und begann, leise zu sprechen. »Ich lasse mich von nichts und niemandem einschüchtern«, flüsterte sie fast. »Dafür habe ich die letzten zehn Jahre zu viel erlebt. Ich habe wirklich eine ganze Menge Mist durchgemacht, aber jetzt ist Schluss damit. Und Pia hat nicht das Geringste mit meiner Entscheidung zu tun.« Sie lehnte sich kurz zurück, trank einen großen Schluck Rotwein und zündete sich einen Zigarillo an. Dann fuhr sie fort. »Vor zehn Jahren habe ich geheiratet, da war ich gerade 19. Henning war einfach umwerfend. Großzügig, humorvoll, charmant, attraktiv, ich war bis über beide Ohren in ihn verliebt. Wir hatten uns auf einer Party kennengelernt, und seitdem waren wir unzertrennlich. Ich war absolut fasziniert von ihm. Ich hatte endlich einen Mann gefunden, der mich so liebte, dass er ohne mich nicht mehr sein wollte.

Nach nur drei Monaten machte er mir einen Heiratsantrag, ganz romantisch. Natürlich nahm ich sofort an. Dass er fast zwanzig Jahre älter war, störte mich kein bisschen. Ich hatte keine Familie mehr, meine Eltern sind früh gestorben, und Geschwister habe ich keine, deshalb war ich vollkommen allein. Doch nachdem ich Henning kennengelernt hatte, fühlte ich mich nicht mehr einsam. Endlich wusste ich, wohin ich gehörte.

Es wurde eine ganz kleine Hochzeit. Außer uns waren nur die Trauzeugen da, Freunde von Henning, die ich nicht kannte. Mit meinem Traum, ganz in Weiß mit allem Drum und Dran zu heiraten, konnte er nichts anfangen. Er sagte, er sei schließlich keine zwanzig mehr, und außerdem könne er momentan keinen Urlaub nehmen, also müsse alles schnell gehen.

Er war Arzt und ging tatsächlich direkt nach der Trauung wieder in seine Praxis. Später, versprach er mir, würden wir eine große Hochzeitsreise machen. Wenn alles erledigt wäre und wir in unserem gemeinsamen Leben angekommen wären. Nun, bis dahin hatte ich noch viel zu tun: Ich musste meine Wohnung auflösen, meine Möbel und das Auto verkaufen, meine Stelle als Physiotherapeutin kündigen und etliche andere Dinge regeln.«

»Warum hast du gekündigt und alles aufgegeben?«, fragte ich verwundert.

»Er wollte es so. Sein Haus sei komplett eingerichtet, ein Auto würde vollkommen reichen, und er versprach, mir eine eigene Praxis in seinem Haus einzurichten. Er wollte dann seine Patienten zu mir überweisen, so dass ich keine Probleme hätte, mir einen Kundenstamm aufzubauen. Außerdem wünschten wir beide uns Kinder. Es klang alles so plausibel, was er sagte, und ich hatte zum ersten Mal seit vielen Jahren wieder das Gefühl, dass sich ein Mensch um mich kümmert.

In den ersten Wochen war ich damit beschäftigt, meine Praxis aufzubauen. Allerdings erst mal nur auf dem Papier. Henning wollte ganz genau wissen, welches Mobiliar ich bestellen wollte, welcher Maler engagiert würde, welche Art von Schildern ich mir ausgesucht hatte und so weiter. Jeden einzelnen Pfennig musste ich ihm aufführen.«

»Hattest du denn kein Geld aus deinen Verkäufen übrig? Es war schließlich nicht wenig, was du veräußert hast«, fragte ich.

»Schon, aber das Geld lag auf seinem Konto. Er fand es praktischer, wenn wir ein gemeinsames Konto hätten. Aus steuerlichen Gründen. Er hatte für alles eine gute Erklärung.«

Nun war ich wirklich überrascht. Die coole und abgeklärte Veronica. Wie konnte das passen, dass sie in totaler Abhängigkeit von ihrem Ehemann gelebt hatte? Sie musste ihn einfach sehr geliebt haben.

»Ich weiß, was du jetzt denkst«, sagte Veronica und sah mich freundlich an. »Er gab mir einfach ein Gefühl von Geborgenheit, das ich schon lange nicht mehr kannte. Dabei behandelte er mich wie ein unmündiges Kind, aber ich habe das damals nicht durchschaut. Nach einem halben Jahr und unzähligen Einwänden, die er gegen meine Praxisplanung hatte, wurde ich ungeduldig. Mittlerweile musste ich sogar sämtliche Einkaufsbelege für Lebensmittel mit nach Hause bringen und mit ihm abrechnen. Ich stellte ihn also zur Rede, sagte ihm, dass ich Klarheit über meine berufliche Zukunft wollte, und bat ihn, endlich mit meiner eigenen Praxis anfangen zu dürfen.

Daraufhin wurde er ziemlich wütend. Ich sei undankbar, würde an seiner Liebe zweifeln, sei nur darauf aus, sein Geld zu verprassen, und dann fragte er mich allen Ernstes, ob ich ihn tatsächlich aus Liebe geheiratet hätte. Er würde schließlich alles für mich tun, und ich dankte es ihm nun auf diese Weise. Ich habe ein schlechtes Gewissen bekommen und ihm versichert, dass ich ihn über alles liebte. Das war ja auch tatsächlich so.

Nach diesem Zwischenfall habe ich das Thema Praxis nicht mehr angesprochen. Er übrigens auch nicht. Ich habe mich nur noch um den Haushalt gekümmert und ihm den Rücken freigehalten. Er war beruflich wirklich sehr eingespannt.

Nach einem Jahr allerdings fiel mir langsam die Decke auf den Kopf. Wenn er nicht arbeitete, hielten wir uns ausschließlich zu Hause auf. Wir gingen weder essen noch ins Kino, Freunde hatten wir schon lange nicht mehr. Er hatte es geschafft, mich völlig von der Außenwelt zu isolieren.

Zu seinem vierzigsten Geburtstag beschloss ich, eine große Party für ihn zu organisieren. Ich lud meine Freunde, die ich seit einem Jahr nicht gesehen hatte, und einige seiner Kollegen ein. Den ganzen Tag über dekorierte ich die Wohnung und freute mich riesig auf die Feier, auf die Gäste und natürlich auf sein Gesicht, wenn ich ihn mit alldem überraschen würde.

Der Partyservice hatte gerade die Kanapees und Getränke gebracht, als Henning nach Hause kam. Er sah sich um und fragte mich dann, was das alles zu bedeuten habe. Ich strahlte und war mir der Überraschung ganz sicher …«

Veronica hielt inne. Ihr Gesicht sah traurig aus. Gebannt wartete ich darauf, dass sie weitererzählte. Ich ahnte Schlimmes.

»… denn es wurde eine richtige. Wie vom Blitz getroffen, holte er aus und zerschlug Gläser, Teller, Flaschen, die Platten voller Häppchen – und anschließend mich. Er prügelte auf mich ein, bis ich das Bewusstsein verlor. Als ich erwachte, lag ich in meinem Bett, meine Wunden waren fein säuberlich verbunden, und meine Knochen und Glieder schmerzten. Der Mann hat mich nach seinem Ausbruch rührend verarztet. Ist das nicht mehr als kurios?« Sie schüttelte den Kopf, als würde sie bis heute nicht glauben, was ihr widerfahren war. Ich war tief bestürzt.

»Warum ist er so ausgerastet? Was war los mit ihm?«, fragte ich.

»Er konnte es mir auch nicht erklären. Spielte den Verwirrten und entschuldigte sich immer wieder. Er habe Angst, mich zu verlieren, sei schrecklich eifersüchtig und völlig überarbeitet und so weiter. Das Übliche eben. Er versprach mir hoch und heilig, dass das ein einmaliger Ausrutscher gewesen sei und so etwas nie mehr vorkommen würde.

Ich lag eine ganze Woche lang im Bett. In dieser Zeit hat er sich rührend um mich gekümmert, mich getröstet, gepflegt, verarztet und mir sogar einen teuren Ring geschenkt. Ich weiß, du hältst mich für wahnsinnig. Dass ich mich von dem Mann pflegen ließ, der mir das alles angetan hat. Manchmal frage ich mich heute, wer von uns eigentlich durchgeknallter war.«

»Und hast du ihn dann sofort verlassen, als es dir wieder besser ging?«, wollte ich wissen.

»Nein, natürlich nicht.« Veronica schüttelte den Kopf, von ihrer eigenen Fassungslosigkeit übermannt. »Ich war nicht fähig dazu. Es ist noch lange so weitergegangen. Ich fühlte mich hilflos, war ihm vollkommen ausgeliefert. Ich war machtlos gegen seine ›übergroße‹ Liebe, seinen ›Schutz‹ und seine unbeschreibliche Grausamkeit. Ich war ihm ausgeliefert. Nach fünf Jahren wurde ich schwanger ...«

Ich nahm ihre kalten Hände wortlos in meine und hielt sie fest. Sie ließ es geschehen.

» ... und im fünften Monat hat er das Kind aus mir herausgeprügelt. Der Auslöser für diesen Gewaltausbruch war so banal, dass ich mich noch nicht einmal daran erinnere. Er litt anschließend so sehr unter seiner Tat, dass ich ihn sogar noch tröstete. Ich weiß, dass das nicht nachvollziehbar ist. Aus heutiger Sicht ist mein Verhalten unverständlich und krank. Damals jedoch hatte ich jegliches Gefühl für die Situation, in der ich mich befand, verloren. Ich war gefangen in diesem emotionalen Verlies, in das er mich gebracht hatte.

Zu dieser Zeit hatte ich längst keine Freunde und Bekannten mehr und war von der Außenwelt völlig isoliert, deshalb hatte er leichtes Spiel und manipulierte mich, wie es ihm in den Sinn kam. Ich saß wie eine Maus in der Falle, war völlig schutzlos gegenüber Ausbrüchen, die immer häufiger und immer brutaler wurden.

Ein weiteres Jahr später wurde ich schwer krank. Gebärmutterhalskrebs. Er selbst hatte mich untersucht und die Krankheit diagnostiziert. Und tatsächlich ließ er es zu, dass ich ins Krankenhaus eingewiesen und operiert wurde. Diese schlimme Krankheit rettete mir, so paradox das klingen mag, das Leben.« Sie machte eine Pause und fragte, ob wir noch etwas trinken wollten.

Wir bestellten mehr Rotwein. Ich war sprachlos nach dieser Geschichte und holte tief Luft. Mittlerweile waren auch meine Hände eiskalt. Mir gingen die unbeschreiblichen Szenen, die sie mir gerade geschildert hatte, nicht mehr aus dem Kopf. Was für ein Martyrium! Jetzt konnte ich verstehen, warum Veronica sich so cool und unnahbar gab. Nach einer solchen Erfahrung fiel es ihr bestimmt nicht mehr leicht, andere Menschen an sich heranzulassen. Ich sah, wie sie auch jetzt noch litt, als sie die schrecklichen Erlebnisse ihrer Vergangenheit schilderte. Doch sie war nun nicht mehr zu bremsen und augenscheinlich fest entschlossen, die Geschichte bis zum Ende zu erzählen.

»Wenige Tage nach der Operation hatte ich ein Gespräch mit dem Arzt, der mich behandelte. Ohne Umschweife fragte er mich auf den Kopf zu, wie oft ich schon geschlagen worden sei und ob mein Mann dahinterstecke. Ich war so schockiert von seinen Fragen, dass ich in Tränen ausbrach. Erst schämte ich mich fürchterlich, aber dann brach es nur so aus mir heraus. Ich war so verzweifelt, dass ich diesem Arzt alles erzählte. Mir waren die Konsequenzen egal, ich verschwendete noch nicht einmal einen Gedanken daran. Instinktiv war mir klar, dass dies vielleicht die letzte Chance war, um aus meinem Gefängnis zu entkommen. Ich hatte mich lange genug meinem Schicksal ergeben, nun ergriff ich die Gelegenheit, mich endlich zu befreien.

Es stellte sich heraus, dass dieser Arzt ein ehemaliger Kommilitone meines Mannes war. Er war sogar damals ebenfalls auf der Party gewesen, als wir uns kennengelernt hatten. Er erzählte mir, dass mein Mann schon während des Studiums für seinen Jähzorn, seine Gewaltausbrüche und seine übertriebene Eifersucht bekannt gewesen war.

Offenbar hatte er schon bei anderen Frauen dasselbe versucht. Mir wurde schlagartig bewusst, in was für eine Lage ich mich gebracht hatte. Ich hatte keinen Freundeskreis mehr und kaum Kontakte zu anderen Menschen. Mein ganzes Leben hatte ich vollkommen nach ihm ausgerichtet, und er wollte die totale Kontrolle über mich. Ich besaß nichts mehr: kein Geld, keine Arbeit, keine Zuflucht und vor allem kein Selbstbewusstsein.

Das Gespräch mit dem Arzt hat mir die Augen geöffnet. Durch seine Fragen hatte er mir endlich wieder einen Weg zurück in die Welt gezeigt. Und ich fasste den Entschluss, diesen Weg weiterzugehen und meinen Mann für immer zu verlassen. Je mehr ich über die letzten Jahre meines Lebens nachdachte, umso schmerzlicher wurde mir bewusst, dass ich sie verloren hatte. Unwiederbringlich. Noch vom Krankenhaus aus nahm ich Kontakt mit einer Organisation auf, die Frauen unterstützt, die Opfer von häuslicher Gewalt geworden sind. Es war beruhigend festzustellen, dass ich diesen schweren Schritt nicht ganz alleine und ohne jede Hilfe machen musste.

Die Organisation besorgte mir ein kleines Apartment und stellte mir sogar finanzielle Mittel für die erste Zeit zur Verfügung. Ich musste ja vollkommen neu anfangen. Als meine Entlassung aus dem Krankenhaus bevorstand, wartete ich, bis mein Mann für drei Tage zu einem Kongress reisen würde. Diese Zeit nutzte ich, um zu Hause meine persönlichen Dinge zusammenzupacken und auszuziehen.

Ich hatte Glück, denn mir war direkt im Anschluss an den Krankenhausaufenthalt eine mehrwöchige Kur auf Norderney bewilligt worden. Der Abstand und die Ruhe dort taten mir gut. Endlich konnte ich mich von all den körperlichen und psychischen Ereignissen der letzten Jahre erholen und wieder Kraft tanken für ein neues Leben.

Schon nach drei Monaten ging es mir erheblich besser. Ich

hatte neuen Mut und Hoffnung geschöpft. Der Arzt, der mich behandelt und mir gleich zweimal das Leben gerettet hatte, vermittelte mir sogar eine Stelle als Physiotherapeutin. Mein Leben wurde langsam wieder lebenswert. Ich war dankbar und begann, allmählich wieder so etwas wie Glück zu verspüren. Bis zu dem Tag ...«

Veronica biss sich auf die Unterlippe. Sie umklammerte ihr Glas so fest, dass es beinahe zersprang. Ihre Handknöchel traten weiß hervor. Ihr Gesichtsausdruck verdunkelte sich, und mit einem bitteren Unterton in der Stimme sprach sie weiter.

»Bis zu jenem Tag, an dem er mich fand. Er stand einfach so vor meiner Tür. Zum Glück konnte ich um Hilfe rufen, bevor er mir etwas tun konnte. Meine Arbeitsstelle hatte er auch ausfindig gemacht. Ich war dort nicht mehr sicher und musste kündigen. Es war völlig klar, dass es keinen Zweck hatte, vor Ort nach einem neuen Job zu suchen, denn er würde mich immer finden. Also blieb mir nichts anderes übrig, als in eine andere Stadt zu ziehen und meinen Namen zu ändern. Doch auch das ist keine Garantie für ein sicheres Leben. Bis jetzt hat er mich dreimal aufgespürt. Es ist entsetzlich, in ständiger Angst und Fluchtbereitschaft zu leben. Ich komme nicht zur Ruhe, die Situation zehrt an meinen Nerven, und mein Leben erscheint mir trostlos.

Deshalb habe ich mir geschworen, es mir ansonsten so schön wie möglich einzurichten. Mit einem Job, der mir Freude macht und mich mit interessanten Menschen zusammenbringt. Jetzt kannst du dir denken, warum ich die Stelle bei der Agentur Rose nach dem Gespräch mit Pia sofort gekündigt habe. Ich lasse mich von niemandem mehr bevormunden, das ist endgültig vorbei. Außerdem habe ich bereits einen neuen Job bei einer anderen Vermittlung.«

Wir saßen noch bis weit nach Mitternacht beisammen und redeten. Ich spürte, wie gut ihr das tat. Veronica hatte über Jahre hinweg keinerlei Freundschaften gepflegt, sie hatte sich vollkommen zurückgezogen und begegnete anderen Menschen erst einmal mit Misstrauen. Kein Wunder nach dem, was sie durchgemacht hatte. Sie musste unglaublich einsam sein.

Nach einem weiteren Glas Rotwein stellten wir fest, dass es höchste Zeit war, nach Hause zu gehen. Schließlich standen mir anstrengende und aufregende Tage bevor. Wir verließen das Restaurant und riefen uns jeweils ein Taxi. Auf der Heimfahrt dachte ich über den Abend und über Veronica nach. Sie hatte darauf bestanden, dass wir getrennt nach Hause fuhren. Plötzlich fiel mir ein, dass ich überhaupt nicht wusste, wo sie wohnte.

Kapitel 8

Am nächsten Tag stand ich pünktlich um 18 Uhr vor Michael Rothebaums traumhaftem Haus am Rande der Stadt. Der Unternehmer hatte am Morgen in der Agentur angerufen und eine Partnervermittlung gewünscht. Da er am Telefon einigermaßen verzweifelt klang, hatte ich für denselben Abend einen Termin mit ihm vereinbart. Noch bevor ich klingeln konnte, wurde die Haustür bereits mit einem großen Schwung geöffnet. »Da sind Sie ja endlich! Kommen Sie herein, und setzen Sie sich. Am besten im Wohnzimmer auf die Couch. Ich bin gleich bei Ihnen«, rief er mir zu, während er schon ein Stockwerk weiter oben verschwunden war. Na, das war ja mal ein freundlicher Empfang. Es wunderte mich gar nicht, dass mich Pia zu diesem ungehobelten Klotz geschickt hatte.

Nachdem ich auf dem traumhaft schönen, schwarzen Ledersofa Platz genommen hatte, sah ich mich ganz in Ruhe in dem riesigen Wohnzimmer um. Bewundernd betrachtete ich den gepflegten Parkettboden, den großen roten Teppich in der Mitte des Raumes und eine überdimensional große Bananenpflanze in der Nähe des Fensters. Alles sehr geschmackvoll. Vor dem Kamin stand ein gemütlicher Sessel, an den Wänden hingen einige wenige abstrakte Gemälde. Alles in allem wirkte es hier wie in einer typischen Singlewohnung eines betuchten Geschäftsmanns, stellte ich fest. Praktisch, teuer, gut.

Der Boden vibrierte leicht, als Herr Rothebaum mit eiligen Schritten die edel wirkende Stahltreppe herunterpolterte. Noch bevor er unten angekommen war, wollte er wissen, was er mir zu trinken anbieten könne. Ich setzte gerade an zu antworten, da stand er bereits neben mir und nahm seine Frage wieder zurück. »Vergessen Sie es. Ich habe gar nichts im Haus.«

Ich hätte einfach aufstehen und gehen sollen, sein ganzer Auftritt war irgendwie merkwürdig. Wir musterten einander kurz, und ich war schlagartig irritiert. Er sah verdammt gut aus. Sehr männlich. Er war Ende dreißig, blond, mit sportlicher Statur. Nicht allzu groß, doch das fiel mir angesichts seines selbstbewussten Auftretens damals noch gar nicht auf. Hunderttausend Gedanken schossen mir auf einmal durch den Kopf. Hoffentlich war der Lippenstift noch zu sehen. Wie war ich überhaupt angezogen? Kam ich sexy rüber? Was machte ich jetzt bloß?

Er gab mir kurz die Hand. »Ich hatte eine ältere Dame erwartet.«

»Begrüßen Sie ältere Damen immer so unfreundlich?«, versuchte ich ziemlich lässig zu fragen.

»Eine ältere Dame hätte diese Frage nicht gestellt«, antwortete er nur.

Irgendwie entwickelte dieser Termin eine ganz merkwürdige Eigendynamik. Ich dachte gerade darüber nach, ob es nicht besser wäre, wenn ich sofort aufstehen und gehen würde, als er mir direkt ins Gesicht sah. »Ist schon gut. Sie müssen nicht gleich gehen«, meinte er versöhnlich. Offenbar hatte er meine Gedanken erraten. »Es ist jetzt 18 Uhr, und ich habe seit Stunden nichts gegessen. Ich kenne da ein sehr gutes Restaurant. Darf ich Sie dorthin einladen? Es wird Ihnen gefallen.«

Keine schlechte Idee. Das würde wahrscheinlich der einzige Lichtblick an diesem Abend werden, außerdem merkte ich auf einmal, wie hungrig ich war. Ich freute mich auf eine leckere Mahlzeit, auch wenn sie mit der Gesellschaft von Herrn Rothebaum verbunden war. Also sagte ich zu, ohne zu wissen, worauf ich mich damit einließ.

Denn Herr Rothebaum brauchte noch ungefähr eine halbe Stunde, um seinen Schlüssel zu finden, noch eben schnell zu telefonieren und das Garagentor zu öffnen. Ich war auf dem besten Weg, die Geduld zu verlieren und sprach die ganze Autofahrt über kein Wort. Das konnte ja noch heiter werden. Eine weitere halbe Stunde später erreichten wir endlich das Restaurant. Ich versuchte, mich ein wenig zu entspannen, nun würde es bestimmt doch noch ein netter Abend werden.

Ich folgte Herrn Rothebaum in die gemütlichen Räumlichkeiten eines Landgasthofs, ein ganzes Stück außerhalb von Düsseldorf. Die Atmosphäre war angenehm und einladend. Der Kellner versorgte uns mit Getränken, und ich durfte nun endlich meine heißersehnte Mahlzeit auswählen. Das Gesicht meines Begleiters entspannte sich. Meines nicht. Er sah einfach zu gut aus.

»Was kann ich denn nun für Sie tun?«, fragte er, nachdem wir das Essen bestellt hatten.

Ich war ein wenig verwirrt. »Die Frage ist doch wohl, was ich für Sie tun kann. Immerhin haben Sie heute bei der Agentur Rose angerufen.«

»Ach, das war gar nicht so gemeint. Heute Morgen war ich irgendwie deprimiert, und da habe ich einfach mal so bei Ihrer Agentur angefragt. Jetzt ist aber alles anders, es geht mir gut. Sie sind da, gleich kommt das Essen, ich fühle mich rundum wohl.«

Meine Gedanken überschlugen sich. Einerseits war es unglaublich unverschämt von ihm, mir so viel Zeit zu stehlen, obwohl er gar keine Partnervermittlung suchte, sondern sich nur wohl fühlen wollte. Und andererseits hatte er keine Ahnung davon, was gerade wirklich in mir vorging. Ich sah auf meine Armbanduhr.

»Machen Sie sich keine Gedanken. Ich werde Ihnen die Zeit honorieren.« Doch das war nicht mein einziges Problem. Mit jedem weiteren Bissen von meinem butterweichen, rosa gebratenen Steak verliebte ich mich mehr in diesen ungehobelten, aber gleichzeitig sehr charmanten Mann.

Er erzählte mir den ganzen Abend von seiner Firma, die Schrauben produzierte. Beruflich war er häufig im Ausland unterwegs, und wie mir schien genoss er es, sich als weltgewandten, erfolgreichen Unternehmer darzustellen. Doch neben diesem Hang zur Selbstinszenierung merkte ich bald, dass er über einen feinsinnigen Humor verfügte, und seine ruhelos umherwandernden Augen verrieten mir, dass er nicht der Wichtigtuer war, den man auf den ersten Blick vermutete, sondern einen wachen, kreativen Geist hatte.

Er war seit einiger Zeit wieder Single, seine letzte Beziehung hatte wohl mehrere Jahre gedauert, und nun vermisste er die Nähe zu einer Partnerin.

Der Abend wurde, anders als ich vorher erwartet hatte, sehr unterhaltsam und kurzweilig. Je länger ich seiner Erzählung lauschte, umso mehr spürte ich, wie mein Herz raste. Seine direkte und gleichzeitig anziehende Art gefiel mir. Und so genoss ich es, ihn anzusehen und einfach nur zuzuhören.

Um kurz vor Mitternacht, wir waren längst die letzten Gäste im Landgasthof, riss mich der Wirt aus meinen Gedanken. Er machte uns darauf aufmerksam, dass er nun gerne schließen würde. Es blieb uns also nichts anderes übrig, als den Heimweg nach Düsseldorf anzutreten.

Dort kamen wir, es überraschte mich nicht mehr, mit einer einstündigen Verspätung an. Herr Rothebaum meinte, eine »Abkürzung« nehmen zu müssen, von der er überzeugt war, dass er sie kannte. Als wir spät in der Nacht endlich vor seinem Haus standen, wirkte er aufgekratzt und hektisch. Kein Wunder bei so viel Aufregung auf einem vergleichsweise kurzen Heimweg. Ich selbst stand derweil ebenfalls unter Starkstrom. Aber das hatte andere Gründe. Als mir gerade der Gedanke durch den Kopf ging, ob er mich wohl noch auf einen letzten Drink hereinbitten würde und ob ich das annehmen sollte, reichte er mir ganz abrupt die Hand zum Abschied.

»Würden Sie mir vielleicht Ihre Telefonnummer geben? Nur falls etwas sein sollte«, schickte er noch schnell hinterher.

Eine halbe Stunde später lag ich endlich im Bett. Hellwach und immer noch aufgedreht. Es war ein wundervoller Abend gewesen.

Ich war mir sicher, er würde sich nie bei mir melden.

Um kurz vor neun Uhr riss mich das Telefon aus einem unruhigen Traum.

»Guten Morgen. Hier ist Michael«, ertönte es ausgeschlafen am anderen Ende der Leitung.

»Wer ist Michael?«, fragte ich schlaftrunken. Ich hatte es kaum ausgesprochen, da fiel es mir auch schon wieder ein.

»Hast du heute Mittag Zeit? Ich habe eine Idee, die möchte ich gerne mit dir besprechen.« Seit wann duzten wir uns eigentlich?

»Ja sicher, gerne, warum nicht.« Schlagartig wurde ich

wach. Er hatte sich also doch gemeldet. Natürlich wollte ich ihn so schnell wie möglich wiedersehen und hoffte, dass ich nichts falsch machte.

»Na dann, sagen wir um zwölf. Ich hole dich ab.« Noch bevor ich etwas antworten konnte, hatte er aufgelegt. Wo ich wohnte, wusste er also auch schon. Ich fühlte mich ein wenig geschmeichelt, immerhin schien er sich enorm ins Zeug zu legen. Ob es ihm ähnlich ging wie mir? Ich sprang aus dem Bett und begann, mich herzurichten. Ich hatte noch drei Stunden Zeit. Ob das reichte?

Pünktlich um zwölf Uhr stand Michael Rothebaum vor meiner Wohnungstür, um mich abzuholen. Er wirkte entspannt und frisch, die Spuren der letzten Nacht waren ihm nicht anzumerken. Ganz im Gegenteil, er sah einfach klasse aus. Zu seinen schwarzen Jeans trug er einen ebenfalls schwarzen Rollkragenpullover und einen eleganten Tweed-Kaschmir-Blazer.

»Wie wäre es mit einem Mittagessen?«, fragte er gut gelaunt.

Diesmal beeilte ich mich, ein Restaurant vorzuschlagen. Ich wählte eins, das in der Nähe lag, denn ich wollte mich auf keine »Abkürzungen« und ähnliche Abenteuer mehr einlassen.

Als die Vorspeise serviert wurde, kam er ohne Umschweife zur Sache: »Unser Gespräch gestern Abend ist mir noch einmal durch den Kopf gegangen. Ich habe mir über dich und deine Arbeit Gedanken gemacht. Korrigiere mich, wenn der Eindruck falsch ist, aber du hast nicht gerade begeistert auf mich gewirkt, als du von deiner Firma erzählt hast. Es schien mir, als seiest du unzufrieden, weil du bei der Agentur Rose keine eigenen Ideen einbringen kannst und mit der Firmenphilosophie nicht ganz einverstanden bist. Deshalb möchte ich dir einen Vorschlag machen. Was hältst du davon: Wir gründen eine eigene Partnervermittlung, und jeder von uns wird zu 50 Prozent Eigentümer des Unternehmens? Ich stelle die finanziellen Mittel zur Verfügung und du deine Erfahrung und dein Fachwissen. Na, was sagst du? Die Idee ist großartig, nicht wahr?«

Mir fiel fast die Gabel aus der Hand. Ich wusste, dass ich bei ihm mit allem rechnen musste, aber das traf mich jetzt doch unvorbereitet. Eigentlich hatte ich gehofft, er würde auf gestern Abend zu sprechen kommen und auf das Knistern zwischen uns, das auch er nicht leugnen konnte.

Als hätte er meine Gedanken erraten, fügte er noch hinzu: »Wenn wir das machen, dann würden wir uns natürlich täglich sehen. Und, na ja, also ganz egal sind wir einander ja offenbar nicht ...« Was genau er damit aussagen wollte, wurde mir nicht ganz klar, aber es war immerhin schon mal etwas.

Ich begann, über seinen Vorschlag nachzudenken. Warum denn eigentlich nicht? Bei der Agentur Rose hielt mich nun wirklich nichts. Veronica hatte gekündigt, den Kunzes schien es ausschließlich ums Geld zu gehen, und Pia würde ich bestimmt nicht nachtrauern. Als Mitinhaberin einer eigenen Agentur dagegen würde ich meine Ideen umsetzen und so arbeiten können, wie ich es mir von einer Partnervermittlung erwartete. Und dann war da noch Michael. Ich würde ihn jeden Tag sehen und hätte ganz nebenbei die Möglichkeit, ihn näher kennenzulernen. In meinem Magen begann es schon wieder zu kribbeln. Das war eine einmalige Chance!

»Wir können morgen anfangen. Heute Nachmittag muss ich noch kündigen«, platzte es aus mir heraus.

Michael grinste. Er war sich seiner Sache von Anfang an sicher gewesen.

Herr Kunz dagegen, den ich eine Stunde später mit meinem Kündigungsschreiben überraschte, war verärgert und enttäuscht. Innerhalb von wenigen Tagen hatte er gleich zwei Mitarbeiterinnen verloren. Und das, obwohl er im Interesse seiner Angestellten immer die Umsatzsteigerung im Blick hatte. Wirklich undankbar.

Pia war übrigens mehr als erfreut, als sie hörte, dass ich ging. Zum ersten Mal sah ich ein echt empfundenes Lächeln in ihrem Gesicht.

Es wurde wirklich höchste Zeit, dass ich ging.

Kapitel 9

Wie gründet man eigentlich eine Partnervermittlung? Diese Frage beschäftigte mich seit unserem Mittagessen und meiner anschließenden Kündigung bei der Agentur Rose. Dabei war mein Denkvermögen erheblich eingeschränkt bei all den Schmetterlingen in meinem Bauch. Ich musste einfach aufhören, an Michael zu denken.

Es war klar, was wir zuallererst benötigten, um mit unserer Vermittlung loslegen zu können: Kunden. Aber wir hatten keine. Für wen sollten wir also Anzeigen schalten? Ohne das Inserieren von bestehenden Kunden gab es auch keine Neukunden. Wir brauchten dringend jemanden, für den wir eine Anzeige aufgeben konnten. Eine Lösung fiel mir bald ein: Ich würde einfach einige der nettesten und am leichtesten zu vermittelnden Damen und Herren anrufen, die ich bei meiner bisherigen Arbeit kennengelernt hatte. Und zwar die, die sich das Honorar nicht hatten leisten können. Ich würde sie fragen, ob sie gratis durch die neue Partneragentur vermittelt werden wollten. So konnte ich gleich zwei Fliegen mit einer Klappe schlagen.

Da ich nicht mehr auf die Kartei der Agentur Rose zurückgreifen konnte, musste ich zunächst einiges an Recherchearbeit leisten. Zum Glück hatte ich ein gutes Namensgedächtnis, und die meisten Personen, bei denen die Vermittlung nur am Geld gescheitert war, waren mir in lebhafter Erinnerung geblieben. Auf einem Zettel notierte ich alle

Namen, die mir einfielen, und machte mich mit Hilfe der Auskunft auf die Suche nach Adressen und Telefonnummern dieser Kunden. Anschließend startete ich eine erste große Telefonaktion.

Und es funktionierte tatsächlich: Die meisten waren hocherfreut, als ich ihnen das Gratis-Angebot unterbreitete und sagten sofort zu. Einige nannten mir gleich noch Namen von Freunden und Bekannten, die ebenfalls auf Partnersuche waren. Nach nur drei Stunden hatte ich 32 Kunden für meine Vermittlung begeistern können, davon mehr als die Hälfte sogar als zahlende. Der Anfang war also geschafft. Mittlerweile war es Abend geworden, und ich war todmüde. Was für ein ereignisreicher Tag! Gestern noch Angestellte und heute Mitinhaberin einer eigenen Partnervermittlung. Wie ein einziger Tag doch manchmal alles auf den Kopf stellen konnte. Am meisten aber freute ich mich auf die Zeit, die ich gemeinsam mit Michael verbringen würde. Ich war hochzufrieden mit mir, als ich an diesem Tag nach Hause kam. Das Leben war einfach wunderbar!

Am nächsten Morgen klingelte früh der Wecker. Michael und ich waren verabredet, um uns Räumlichkeiten für unsere neue Firma anzusehen. Es wurde also ernst.

Gleich das erste Büro, das der Makler uns zeigte, war ein Volltreffer. Es war verteilt auf drei großzügige, lichtdurchflutete Räume in einer wunderschönen alten Villa. Sie lag direkt im Zentrum von Düsseldorf und doch ruhig in einer Seitenstraße direkt an einem kleinen Park. Im selben Gebäude gab es außerdem eine Arztpraxis, eine Anwaltskanzlei und eine Werbeagentur. Alles in allem ein hervorragendes Umfeld. Wir waren auf Anhieb begeistert.

»Das läuft ja hervorragend. Jetzt wird es aber Zeit, dass wir unsere neue Geschäftsbeziehung gebührend feiern, nicht wahr?«, fragte Michael gut gelaunt.

Dazu musste er mich nicht erst lange überreden. Wir entdeckten eine Champagner-Bar ganz in der Nähe unseres neuen Büros und beschlossen, sie gleich auszuprobieren. Michael bestellte eine große Flasche Schampus, und in ausgelassener Stimmung stießen wir miteinander an.

»Hast du dir schon Gedanken gemacht, wie wir Kunden gewinnen können?«, wollte er wissen.

»Ich war fleißig gestern und habe mit 32 Leuten gesprochen, die ich durch die andere Vermittlung kennengelernt habe. Sie machen mit, einige von ihnen als zahlende Kunden, und jetzt können wir gleich die ersten Anzeigen schalten und werden genügend Partnervorschläge für unsere neuen Kunden haben«, erwiderte ich optimistisch.

Michael musterte mich allerdings skeptisch. »Wenn es so einfach wäre, könnte ja jeder eine Partnervermittlung aufmachen. Bist du dir sicher, dass du das richtig einschätzt?«

Ich warf ihm einen energischen Blick zu, und er verstummte. Wie war das noch gleich? »Du bringst dein Fachwissen ein« – davon war ja viel übrig geblieben!

Er bemerkte meinen kritischen Blick und wechselte sofort das Thema: »Im Übrigen, welchen Namen soll unsere Agentur eigentlich haben? Wir müssen außerdem gute Mitarbeiter finden.«

»Außerdem brauchen wir noch Möbel, Vorhänge, einen Kühlschrank, ein schönes Schild, einen großen Teppich …«, ich träumte laut vor mich hin. In Gedanken schritt ich im eleganten Kleid durch mein wunderschönes Büro und nahm Platz an einem großen, sehr edlen Schreibtisch, von wo aus ich in den Park hinaus blickte. Mein Leben als Unternehmerin, es würde traumhaft werden.

Michael hatte für meine Phantasien allerdings nur ein müdes Lächeln übrig. Ganz der Macher, drängte er darauf, gleich die weiteren Schritte einzuleiten. Genervt nahm ich einen großen Schluck Champagner. Das konnte ja noch heiter werden.

Am nächsten Morgen wartete eine Überraschung auf mich, als ich das neue Büro betrat. Michael hatte einige Möbel, die er in seiner Schraubenfirma nicht benötigte, liefern lassen. Sie gefielen mir recht gut, obwohl sie in erster Linie aus Chrom, Glas und Leder bestanden. Sie zeugten eindeutig von männlichem Geschmack und spiegelten die Atmosphäre von Michaels Wohnung wider. Aber mit entsprechenden Vasen, Blumen und Teppichen würde man dieses nüchterne Understatement bestimmt lebendiger und gemütlicher gestalten können.

Eine Telefonanlage war ebenfalls bestellt und würde in zwei Tagen installiert werden, und einen Teppich würde ich am nächsten Tag allein aussuchen gehen. Die Vorbereitungen waren also getroffen. Wir fuhren zu Michael nach Hause, um dort die Details zu besprechen.

Was noch fehlte, war ein eingängiger und gut klingender Name für unsere Agentur. Michael hatte vor, sich auf ein bestimmtes Kundensegment zu spezialisieren. Nach der Trennung von seiner letzten Lebensgefährtin hatte er den Markt etwas genauer kennengelernt und festgestellt, dass es an einem Spezialisten für Kunden wie ihn selbst fehlte: moderne, unverkrampfte, erfolgreiche Männer und Frauen ab 35.

Je weiter unsere Planung voranschritt, desto faszinierender fand ich ihn. Endlich ein Mann, der ausdrücken konnte und wollte, was er dachte, und der in der Lage war, das Wichtigste davon sofort in die Tat umzusetzen.

Ich beobachtete Michael bei der Arbeit, sah zu, wie er organisierte und vor allem, wie er Aufgaben delegierte. Er bettelte nicht lange, wenn er etwas wollte. Für ihn gab es kein umständliches Fragen und Bitten. Er kam sofort auf den Punkt und verlor nie seine Interessen aus dem Blick. Seinem Gegenüber ließ er nicht viel Zeit zu reagieren. Hatte er es mit Angestellten zu tun, die zögerten, verlangte er den Vorgesetzten, und bei Geschäftsinhabern selbst drohte er mit der Konkurrenz. Er sprach meistens laut ins Telefon, und seine Stimme war durchdrungen von Willenskraft und Selbstbewusstsein. Michael Rothebaum war forsch und fordernd, zu diesem Zeitpunkt wirkte das auf mich sehr effizient.

Am Ende des Tages war das Wesentliche geregelt. Wir, oder besser gesagt Michael, hatten Folgendes beschlossen: Die Klienten – in unserer Agentur sollte nicht von Kunden die Rede sein, denn die gab es ausschließlich im Kaufhaus – sollten alle einer gehobenen Gesellschaftsschicht angehören. Was immer das heißen mochte. Unsere Klientel war über 30 Jahre alt, hatte in der Regel einen akademischen Abschluss und beruflich Fuß gefasst oder kam aus einer gut situierten Familie respektive Ehe.

Wir wollten nach außen hin modern auftreten, daher sollte der Name der Firma keine altmodischen oder seltsamen Assoziationen hervorrufen. Das Wort »Ehevermittlung« durfte auf keinen Fall darin vorkommen. Schließlich würden wir ein innovatives und dynamisches Unternehmen mit hohem Anspruch führen. Die Namensgebung erwies sich als das schwierigste Unterfangen. Den halben Nachmittag lang dachten wir darüber nach und einigten uns nach etlichen verworfenen Vorschlägen auf: IPK – **Institut für partnerschaftliche Kommunikation.**

Erleichtert umarmten wir uns. Kurz.

Danach fragte Michael mich, ob ich bei ihm im Gästezimmer übernachten wollte. Schließlich sei es schon zu spät, um noch zu mir nach Hause zu fahren. Ich ließ mich nicht zweimal fragen. Nach dem Essen gingen wir ins Bett, es war ein anstrengender Tag gewesen. Michael verschwand in seinem Schlafzimmer, und ich ging ins Gästezimmer. Ehrlich. In dieser Nacht träumte ich von meiner glänzenden Zukunft als erfolgreiche Unternehmerin.

Kapitel 10

Seit einigen Wochen hatte ich nun schon versucht, Veronica telefonisch zu erreichen. Wo steckte sie nur? Ich war händeringend auf der Suche nach einer fähigen Mitarbeiterin, und wer wäre da eher in Frage gekommen als sie?

Die IPK gab es zwar erst seit Kurzem, aber der Erfolg war bereits jetzt überwältigend. Die Anzeigen, die ich geschaltet hatte, waren auf große Resonanz gestoßen. Es schien, als habe der Markt einzig auf eine Agentur wie der unseren gewartet. Schon bald kamen wir mit der Bearbeitung der Anfragen kaum noch hinterher. Das führte gar so weit, dass Michael Termine mit Klienten wahrnahm. Und es machte ihm sogar Spaß.

Zum Glück konnte er in seiner Firma eine Auszubildende für unser Büro entbehren. Sie hieß Julie Bär, war 20 Jahre alt und sah einfach süß aus. Ihre schwarz gefärbten kurzen Haare, die wild vom Kopf abstanden, ließen sie aussehen, als hätte sie ständigen Kontakt mit einer Stromsteckdose. Ihr Teint war extrem hell und das pfiffige Gesicht voller Sommersprossen. Ihren Mund hatte sie mit einem dunklen roten Lippenstift geschminkt, so dass er beinahe schwarz wirkte. Das war auch die Farbe ihrer gesamten Garderobe, die fast ausschließlich aus Leder bestand und hauteng am Körper lag. Und das bei Kleidergröße, na ja, mindestens 42.

Es überraschte mich, dass Michael einen solchen Paradiesvogel eingestellt hatte. Sie war bereits seit zwei Jahren bei ihm, und mit ihrer Arbeit war er hochzufrieden, deshalb störte ihn ihr auffälliger Stil nicht. Nach außen allerdings durfte sie nicht auftreten. Er verlangte sogar, dass sie in ihrem Büro blieb und die Tür schloss, wenn Klienten kamen.

Ein weiteres großes Plus von Bärchen, wie wir sie liebevoll nannten, war ihre unglaubliche Telefonstimme, die eine Mischung aus Erotik und tiefem Urvertrauen ausstrahlte. Männer wie Frauen waren geradezu begeistert von ihr. Zudem konnte sie sich wunderbar auf die verschiedenen Personen einstellen. Ich war froh, dass sie da war und die vielen Anrufe entgegennahm.

Nach einigen Wochen erreichte ich endlich auch Veronica. Sie hatte sich einen längeren Urlaub gegönnt und war gerade erst zurückgekommen. Ich berichtete ihr von den Neuigkeiten und fragte sie, ob sie Lust hätte, für uns zu arbeiten. Nachdem auch der neue Job, den sie nach ihrer Kündigung bei der Agentur Rose begonnen hatte, nicht das Richtige für sie war, freute sie sich über das Angebot und sagte spontan zu. Wir verabredeten einen Termin für den nächsten Tag in unserem Büro. Schließlich kannte sie Michael noch gar nicht, und ich konnte es kaum abwarten, ihn ihr vorzustellen.

Der Urlaub hatte ihr sichtlich gutgetan, stellte ich fest, als sie einen Tag später zu uns kam. Sie sah toll aus – braun gebrannt, erholt und energiegeladen. Michael jedoch fand Veronica nicht sehr sympathisch. Sie ihn im Übrigen auch nicht. Ich glaube, sie waren einander charakterlich zu ähnlich, da war ein mörderischer Konkurrenzkampf vorprogrammiert. Mich störte das jedoch nicht. Ich bestand darauf, dass Veronica für uns arbeiten würde. Und das war eine sehr gute Entscheidung.

Mittlerweile waren Michael und ich ein Paar geworden. Doch ich musste zugeben, dass die Schmetterlinge, die anfangs durch meinen Bauch geflattert waren, sich schon bald zurückzogen. Vielleicht lag es an unserem enormen Arbeitspensum, wir schufteten in dieser Zeit praktisch rund um die Uhr, um die Agentur so schnell wie möglich zu einem Erfolg zu machen.

Dabei blieb das Private zwangsläufig auf der Strecke. Entweder wir waren zu müde, um etwas zu zweit zu unternehmen, oder es stand noch so viel Arbeit an, dass wir schlicht die Zeit nicht dafür fanden.

Michael hatte seine andere Firma gleich zu Anfang, als sich der Erfolg der Partnervermittlung abzeichnete, verkauft. Er arbeitete nun ausschließlich für das IPK. Wir sahen uns also den ganzen Tag im Büro. Die neue Tätigkeit und der Kontakt mit den Klienten bereitete ihm große Freude, viel mehr, als das bei seiner früheren Aufgabe als Fabrikant für Schrauben der Fall gewesen war.

Auch ich ging völlig in meiner Rolle auf und genoss meine neue Freiheit bei der Arbeitsgestaltung. Es gab so viel zu tun, dass ich fast ohne Pausen durcharbeitete und wochenlang keinen wirklich freien Tag hatte. Nicht einmal am Wochenende. Zum Glück gab es Veronica, die ich täglich in der Arbeit sah und mit der ich private Gespräche führen konnte. Für andere Freundschaften blieb mir keine Zeit mehr.

Es war alles sehr aufregend. Täglich gewannen wir neue Klienten, und schon bald konnten wir die ersten Paare erfolgreich zusammenführen. Aber natürlich gab es hin und wieder auch schwere Fälle, bei denen wir uns vergeblich mühten, einen geeigneten Partner zu finden. Einer dieser Fälle war Herr Randenberg, ein erfolgreicher Unternehmensberater, der obendrein aussah wie Richard Gere. Eigentlich hätte es kein Problem sein dürfen, ihn zu vermitteln, aber aus irgendeinem Grund gestaltete sich die Suche äußerst schwierig.

Eines Tages, Herr Randenberg war seit circa drei Monaten unser Klient, stürzte er unangemeldet in unser Büro. Bärchen öffnete ihm ahnungslos die Tür, im Glauben, es sei der Briefträger. Herr Randenberg war sichtlich aufgebracht und wollte unverzüglich die Person sprechen, die für seine Partnervorschläge zuständig gewesen war.

Veronica hatte das erste Gespräch mit ihm geführt und war danach in Schwärmerei verfallen. Für sie war er einer der tollsten Männer, den sie je getroffen hatte. Er war 40 Jahre alt, groß und schlank und besaß eine traumhafte Villa am Baldeney-See, südlich von Essen. Er war beruflich erfolgreich, hatte einen Ehe- und vor allem Kinderwunsch und suchte nun eine Frau, für die er die Sterne vom Himmel holen konnte. Ein echter Traummann! Bärchen hatte gleich gefragt, wo der Haken war. Veronica hatte jedoch darauf bestanden, dass es keinen gab.

Nachdem wir Herrn Randenberg zumindest ein wenig zur Ruhe bringen konnten, versammelten wir uns im Besprechungszimmer, neugierig darauf zu erfahren, was ihn so echauffiert hatte. Er kam gleich auf den Punkt: »Können Sie mir bitte einmal erklären, warum Sie mir Frauen empfehlen, die gar keine festen Absichten haben? Ich habe Ihnen doch genau beschrieben, wonach ich suche.«

»Was veranlasst Sie zu der Meinung, dass die Frauen es nicht ernst meinten?«, fragte Veronica freundlich. »Wir geben uns sehr viel Mühe mit jedem einzelnen Vorschlag. Die Damen sind uns alle persönlich bekannt. Jede von ihnen teilt Ihre Wünsche und möchte in einer dauerhaften, harmonischen Zweierbeziehung leben. Manche wünschen sogar explizit eine Ehe. Damen mit anderen Anliegen würden wir Ihnen niemals vorstellen.«

»Sie mögen vielleicht in bester Absicht handeln«, antwortete Herr Randenberg. »Aber tatsächlich läuft das ganz anders. Zunächst führe ich jede Dame zum Dinner aus. Ist der erste Abend zur Zufriedenheit abgelaufen, lade ich sie zu einem Tagesausflug auf meinem Segelboot ein. Wenn es dann immer noch gut läuft, treffen wir uns zum Theater, Kino und gemeinsamen Kochen. Und dann, ohne jedwede Vorwarnung passiert es, und zwar jedes Mal aufs Neue: Die aufkeimende Beziehung wird abrupt abgebrochen. Und zwar nicht von mir.« Er blickte fragend in die Runde. »Ich bin zu Ihnen gekommen, weil mir das bereits vorher widerfahren ist. Es lag meiner Meinung nach an der falschen Auswahl. Aber jetzt habe ich Profis beauftragt, und was passiert? Genau dasselbe! Woran kann das denn liegen?«

»Haben Sie denn nie eine der Damen gefragt?«, wollte Bärchen wissen.

»Selbstverständlich habe ich das getan. Es kam jedoch stets die gleiche Standardantwort: Ich habe es mir anders überlegt, der Funke ist doch nicht übergesprungen, mein früherer Freund möchte wieder mit mir zusammen sein und so weiter.« Ich sah mir Herrn Randenberg genau an. Er war wirklich eine tolle Erscheinung. Nachdem er sich beruhigt hatte, wirkte er ausgesprochen anziehend. Den würde ich glatt gegen Michael eintauschen, zumal er Kinder wollte. Das war nämlich auch mein heimlicher Traum. »Beschreiben Sie mir doch mal die Situationen, in denen sich die Frauen von Ihnen trennen. Vielleicht gibt es da irgendein wiederkehrendes Muster?«, fragte ich ihn.

Er überlegte einen Augenblick und wurde dann etwas verlegen. »Meist geschieht es am Morgen nach der ersten gemeinsamen Nacht.« Wie gut, dass er nach diesem Satz nicht unsere Gedanken lesen konnte. Ich sah Veronica und Bärchen an, dass sie dasselbe dachten wie ich: zu kurz, zu dick, er kann nicht, er sagt komische Dinge, er grunzt, springt vom Schrank, liebt SM oder sonstige außergewöhnliche Sexspiele, er kommt nicht oder zu früh, er will gar keinen Sex, er will Dinge, die sie nicht will – die Liste der Möglichkeiten war endlos.

»Bitte entschuldigen Sie, wenn diese Frage zu persönlich ist, aber hatten Sie Sex mit den Frauen?«, fragte Bärchen etwas zögerlich.

Er fühlte sich durch die Frage nicht im Geringsten peinlich berührt. »Ja, natürlich hatten wir Sex. Guten Sex. Es war wirklich alles in Ordnung. Die Frauen schienen auch glücklich mit mir zu sein.« Ja, das denken die meisten Männer!

Wir versuchten nun, gemeinsam hinter das geheimnisvolle Trennungsverhalten der Frauen zu kommen. Bei jeder Frage winkte er ab und verneinte. Es war verflixt, wir kamen dem Geheimnis nicht auf die Spur. Also schlugen wir ihm vor, dass wir die Frauen anrufen und mit ihnen sprechen würden, um zu einer Lösung zu geraten. Nachdem er gegangen war, beratschlagten wir noch eine ganze Weile und kamen zu dem Schluss, dass das Problem auf jeden Fall etwas mit seinem Beischlafritual zu tun haben musste.

Er hatte bisher vier Partnervorschläge von uns bekommen. Zwei Damen kannte ich persönlich, und die anderen beiden hatte Veronica besucht. Uns war natürlich bewusst, dass derartige Anrufe bei den Frauen sehr persönlich waren und wir Gefahr liefen, abgewiesen zu werden. Aber ohne ihre Hilfe würden wir das Rätsel nicht lösen können. Also wollten wir es zumindest versuchen.

Als Erstes probierte ich es bei Frau Loose. Sie war eine patente, aufgeschlossene Frau von 32 Jahren und hatte sich gleich nach dem ersten Date mit Herrn Randenberg bei mir zurückgemeldet, um mir mitzuteilen, dass er absolut ihren

Vorstellungen entsprach und sie begeistert wäre. Das Wort »Verliebtheit« war auch gefallen. Nach ein paar weiteren Treffen hatte sie mich dann erneut angerufen, da war ihre Stimmung schon weniger gut gewesen. Sie teilte mir mit, dass sie von dem Partnervorschlag zurücktreten wollte. Ihre Begründung blieb vage: »Er war schon klasse, aber mit der Zeit merkte ich dann doch, dass es nicht geht. Gar nicht geht. Leider. Ich bin traurig, aber es ist eben nicht zu ändern.«

Nun war ich gespannt, ob ich durch direktes Nachfragen der Wahrheit näherkommen würde. Und tatsächlich, sie erzählte mir, was zwischen ihr und Herrn Randenberg vorgefallen war. Mit jeder Absurdität und mit jedem Fetisch hatte ich gerechnet, aber nicht mit dieser Geschichte.

Die beiden hatten sich von Anfang an phantastisch verstanden. Sie fühlte sich wohl bei ihm, fand ihn attraktiv, und sie hatten viele gemeinsame Interessen. Sie trafen sich regelmäßig, telefonierten mehrmals täglich, und Frau Loose sah sich schon als Ehegattin an seiner Seite. Alles lief hervorragend. Bis zu dem Tag, an dem sie das erste Mal Sex hatten. Nach einem abenteuerlichen, romantischen Segeltörn hatten die beiden beschlossen, die Nacht gemeinsam zu verbringen. Sie lagen also im Bett und liebten sich innig, bis … er mitmachen wollte: James Joyce, genannt Joyce, ein waschechter Border Collie.

Herr Randenberg besaß einen Hund, und zwar keinen kleinen, verspielten, knuddeligen Schoßhund, sondern ein anderes Kaliber. Joyce fühlte sich von den leidenschaftlichen Umarmungen angespornt und fing an, wild herumzutoben. Fröhlich wedelte er mit dem Schwanz und forderte die beiden Liebenden laut bellend auf, ihn mitspielen zu lassen. Mal knabberte er zart an ihren Füßen, mal schleckte er ihnen kurz, aber feucht übers Gesicht und war voller Begeisterung bei der Sache.

Herr Randenberg fand das auch lustig und entschuldigte das Verhalten seines Hundes damit, dass Joyce sehr eifersüchtig sei. Er versuchte nur halbherzig, den Hund von seinen Spielereien abzubringen und machte gar keine Anstalten, den Collie aus dem Schlafzimmer zu befördern. Frau Loose war ganz und gar nicht begeistert. Sie war zwar tierlieb und akzeptierte Haustiere, aber nicht in jeder Situation. Ihre Nerven entspannten sich auch nicht gerade, als Herr Randenberg dem Hund erlaubte, den Rest der Nacht am Fußende des Bettes zu verbringen. Denn das war sein angestammter Platz, und den würde er auch nicht aufgeben.

Frau Loose versuchte, mit Herrn Randenberg über den Hund zu sprechen. Er hörte zu und freute sich darüber, dass sich sein Hund so gut mit ihr verstand. »Wäre ja wirklich nicht einfach, wenn ihr beide einander nicht leiden könntet.« Es gelang ihr nicht, ihm begreiflich zu machen, dass der Hund seinen eigenen Platz bräuchte – und zwar außerhalb des Schlafzimmers.

Doch so schnell wollte sie sich auch nicht geschlagen geben und versuchte alles, um es dem Hund im Bett so ungemütlich wie möglich zu machen. Joyce war allerdings nicht aus der Ruhe, geschweige denn aus den gemütlichen Laken zu bringen. Frau Loose ließ nicht locker und versuchte erneut, Herrn Randenberg zu überzeugen, dass sie beide ihre Intimsphäre bräuchten. Der wollte jedoch nichts davon hören und erzählte ihr stattdessen von der Schicksalsnacht, in der Joyce und er Freunde fürs Leben geworden waren:

Es war mitten im Sommer gewesen, während eines Segelwochenendes. Er hatte beschlossen, die Nacht im Hafen auf seinem Boot zu verbringen und war nach den Anstrengungen des Tages früh schlafen gegangen. Gegen drei Uhr in der Nacht sprang auf einmal ein Hund in seine Kajüte und weckte ihn durch lautes Bellen auf. Es war höchste Zeit, denn überall loderten Flammen, und der Rauch war bereits so dicht, dass er kaum noch atmen konnte. Ein Elektroschaden hatte das Boot in Brand gesetzt. Geistesgegenwärtig gelang es Herrn Randenberg, den Hund zu schnappen und sich ins Freie zu retten. Kurz danach explodierte eine Gasflasche und richtete großen Schaden an. Der Hund hatte ihm das Leben gerettet! Seitdem hatte er aus Dankbarkeit keine Nacht mehr ohne Joyce verbracht.

Nun war Frau Loose klar, dass der Hund niemals aus dem gemeinsamen Bett ausziehen würde. Also ging sie. Um ihn nicht zu verletzen, hatte sie Herrn Randenberg den wahren Grund der Trennung verschwiegen.

Nach dem Gespräch mit ihr ging ich in Veronicas Büro. »Ich weiß, was mit Herrn Randenberg los ist«, sagte ich zu ihr. »Ja, ich bin auch dahintergekommen«, antwortete sie. »Ich habe gerade mit einer Dame gesprochen, die wir ihm vorgeschlagen haben. Er hat einen Hund, der ihm das Leben gerettet hat und nun fester Bestandteil seines Lebens ist. Wer Herrn Randenberg heiraten will, muss auch Joyce heiraten. Das ist das Problem. Ich verstehe nicht, dass ihm nicht klar ist, dass ein Border Collie im Bett auch die stabilste Beziehung zerstören kann. Und dass der Hund der Grund ist, warum die Frauen ihn reihenweise verlassen. Was meinst du, wollen wir ihn anrufen?«

»Ja, das müssen wir«, sagte ich. »Schließlich ist es ihm ein echtes Anliegen zu erfahren, warum er keine Partnerin findet. Ob er sich allerdings darauf einlässt, den Hund aus seinem Schlafzimmer zu verbannen, bezweifele ich nach dieser Geschichte.«

Veronica deutete auf den Apparat. »Also gut, ich habe das erste Gespräch mit ihm geführt. Ich rufe ihn jetzt an.«

Sie atmete tief durch und wählte seine Nummer. Er ging sofort ran, offenbar hatte er schon auf unseren Anruf gewartet. »Herr Randenberg, wir sind dem Rätsel auf die Spur gekommen.«

Sie erzählte ihm, was wir von den beiden Damen erfahren hatten. Ich war sehr neugierig auf seine Reaktion und versuchte, einen Hinweis darauf an Veronicas Mimik abzulesen. Sie nickte unaufhörlich mit dem Kopf und säuselte, ganz entgegen ihrer sonstigen Art: »Ja, ja, das verstehe ich natürlich. Sicher, ja wenn Sie das so sehen …«

Zehn Minuten später legte sie auf und massierte sich den Nacken. »Puh, dem Mann ist nicht zu helfen. Also, er trennt sich nicht von seinem Hund, Joyce bleibt im Bett, schließlich hat er ihm das Leben gerettet. Herr Randenberg bedankt sich aber bei uns für unser Engagement und freut sich auf den nächsten Partnervorschlag. Und jetzt halt dich fest: Er möchte, dass wir die Dame bitte im Vorfeld über sein besonderes Verhältnis zu Joyce aufklären und ihm nur noch Kandidatinnen vermitteln, für die das kein Problem ist.«

Wir mussten schmunzeln. Einerseits hatten wir ja sogar Verständnis für ihn und seine Hundeliebe. Irgendwie hatte er ja recht, und seine Treue und Dankbarkeit waren auch sehr rührend. Auf der anderen Seite: Musste diese Dankbarkeit wirklich bis ins Schlafzimmer reichen?

Bei unserem nächsten Meeting sprachen wir über den Fall Randenberg. Michael hatte darauf hin den rettenden Einfall: Er hatte vor Kurzem mit einer jungen Frau gesprochen. Sie war 34 Jahre alt und besaß zwei Hunde, die sie über alles liebte. Nun mussten wir nur noch dafür sorgen, dass sie sich auch in Herrn Randenberg und seinen Hund verliebte – und umgekehrt. Das wäre die ideale Beziehung.

Am nächsten Tag machten wir die beiden, inklusive Anhang, miteinander bekannt – und: Volltreffer! Um das Glück perfekt zu machen, kaufte Herr Randenberg noch einen weiteren Hund, damit das Gleichgewicht stimmte. Übrigens: Von nun an verzichtete Joyce darauf, mit seinem Herrchen im Schlafzimmer zu nächtigen. Er zog stattdessen die Gesellschaft seiner neuen Hundefamilie vor.

Kapitel 11

Seit einigen Tagen schon war mir aufgefallen, dass Veronica irgendwie verändert war. Sie strahlte über das ganze Gesicht, auch wenn es keinen erkennbaren Anlass dazu gab. Einmal ertappte ich sie sogar dabei, wie sie gut gelaunt vor sich hin summte. Das entsprach gar nicht ihrer Art, also stellte ich sie zur Rede: »Was ist denn los mit dir? So fröhlich kenne ich dich ja gar nicht«, neckte ich sie. »Steckt da etwa ein Mann dahinter?«

Sie grinste vielsagend und genoss es sichtlich, mich auf die Folter zu spannen. »Bitte, Veronica, sag schon, ich platze vor Neugier.«

Sie lächelte verzückt, dann antwortete sie: »Ich kann es selbst noch gar nicht glauben. Stell dir vor, am Samstagnachmittag wollte ich mich dafür belohnen, dass ich die ganze Bude auf den Kopf gestellt und aufgeräumt und sogar noch den Großeinkauf im Supermarkt erledigt hatte, und ging in ein kleines nettes Café bei mir um die Ecke. Das gibt es noch nicht so lange, und ich dachte, das ist der richtige Moment, es mal auszuprobieren.

Ich stehe also an der Kaffeebar, natürlich nicht geschminkt, die Haare ungekämmt, und meine alten Jeans hatte ich auch noch an, als mich ein Typ neben mir fragt, ob er mich auf einen Cappuccino einladen darf. Einfach so. Ich hatte ihn vorher gar nicht bemerkt. Erst dachte ich, der nimmt mich auf den Arm. Aber sein Blick wirkte aufrichtig. Also habe ich ihn genauer betrachtet und war völlig von den Socken.

Er sieht einfach umwerfend aus! Durchtrainiert, klassische, regelmäßige Gesichtszüge, volle sinnliche Lippen und dunkle Haare, die er streng nach hinten gekämmt hat. Er trug schwarze Klamotten, und ich dachte sofort, der Typ ist bestimmt Künstler. Und tatsächlich: Er ist Maler. Ist das nicht aufregend? Sein Name ist Alexander.

Mir wurden die Knie weich, und ich konnte seine Einladung nur stotternd annehmen. Dann saßen wir zwei Stunden zusammen in diesem Café, und er erzählte mir von seiner neuesten Arbeit. Ich wusste gar nicht, wie mir geschieht. Und ich habe mich auf der Stelle in ihn verliebt. Kannst du dir das vorstellen? Ich verliebe mich auf den ersten Blick!«

Nein, das konnte ich mir gar nicht vorstellen, bisher war Veronica eher zögerlich und abwartend gewesen, wenn sie einen Mann kennengelernt hatte. Nach den Erfahrungen in ihrer Vergangenheit war das auch kein Wunder.

»Wie seid ihr verblieben? Hat er dir seine Telefonnummer gegeben?«, fragte ich neugierig.

»Ob du es glaubst oder nicht: Er hat mich nach meiner Nummer gefragt – und ich habe sie ihm einfach so gegeben. Ich wollte einmal nicht darüber nachdenken müssen, ob ich ihm vertrauen kann. Es kann doch nicht jeder Mann eine dunkle Seite haben.« Ich sah sie bewundernd an. Zum Glück hatte sie ihre Angst diesmal überwunden, ich dachte schon, sie hätte wieder abgeblockt.

»Gleich am nächsten Morgen rief er an und lud mich für denselben Abend zum Essen ein. Ich kann mich kaum an den Abend erinnern, so sehr spielten meine Gedanken verrückt. Er ist wirklich toll. Ich erzählte von mir und meiner Arbeit, und er zeigte echtes Interesse, stellte viele Fragen und hörte mir lange zu. Er versteht es, auf mich einzugehen, und ich habe bei ihm das Gefühl, als würden wir uns schon ewig kennen. In vier Wochen sehen wir uns wieder. Ich kann es gar nicht abwarten.«

Ich stutzte. »Aber warum erst in vier Wochen?«

»Er ist in Mailand und stellt dort seine Gemälde aus«, erklärte sie stolz. »In einer großen Galerie. Er hat sich schon einen richtigen Namen gemacht in der Kunstszene. Ach, ich glaube es immer noch nicht. Wenn er doch nur schon wieder hier wäre!«

Ich freute mich aufrichtig für sie. Diese Liebe würde sie hoffentlich wieder in ein normales Leben zurückholen. »Habt ihr euch schon geküsst?«

»Ja, ganz zart auf den Mund. Zum Abschied.« Sie blickte gedankenversunken aus dem Fenster.

Ich sah sie lange an. So glücklich hatte sie in den zwei Jahren, die ich sie nun schon kannte, noch nie gewirkt. Ich wünschte ihr so sehr, dass sie endlich ihr Happy End gefunden hatte.

Für denselben Abend hatte ich eine Einladung eines Unternehmerinnenvereins bekommen. Die Mitgliederinnen trafen sich in regelmäßigen Abständen und tauschten sich über bestimmte Themen aus. Heute sollte es um Beziehung und Partnerschaft gehen. Man hatte mich gebeten, einen kurzen Vortrag zu halten und von meinen Erfahrungen als Partnervermittlerin zu erzählen.

Das war zwar nicht die erste Veranstaltung dieser Art für mich, aber ein wenig unwohl fühlte ich mich trotzdem. Also fragte ich Veronica, ob sie mich begleiten würde. Da Alexander ja gerade nicht in der Stadt war, hatte sie Zeit und erklärte sich bereit, mir Beistand zu leisten.

Die Veranstaltung fand in einem Hotel in der Innenstadt statt. Es war ein gemütliches, kleines, aber feines Haus mit einer hervorragenden Küche. Veronica und ich freuten uns bereits jetzt auf ein gutes Essen im Anschluss an die Veranstaltung.

In dem Saal, in dem das Treffen stattfand, hatten sich 21 Damen an großen runden Tischen versammelt. Eine muntere Gesellschaft von Frauen im Alter zwischen 30 und 50 Jahren. Im Gespräch mit der Vorsitzenden des Vereins, Frau Fuchs, erfuhr ich, dass 60 Prozent der Anwesenden Singles waren. Langzeitsingles – das bedeutet, dass man seit fünf Jahren keine feste Partnerschaft mehr hatte.

Frau Fuchs stellte mich den Damen vor, und als ich in die sehr ernste und seriöse Runde blickte, kamen mir ernsthafte Zweifel, ob ich das richtige Thema gewählt hatte. Aber nun war es zu spät für einen Rückzieher.

»Guten Abend, meine Damen«, begann ich ein wenig zögerlich. »Vielen Dank für die Einladung, die ich sehr gerne angenommen habe. Frau Fuchs hat mich gebeten, Ihnen etwas aus meiner Tätigkeit als Partnervermittlerin zu erzählen, und ich habe mich für ein immer aktuelles Thema entschieden: Sex.

Dazu würde ich Ihnen gerne eine Geschichte erzählen.

Sie handelt von einer meiner Klientinnen, ich nenne sie jetzt einmal Angela. Als ich sie kennenlernte, war sie 45 Jahre alt, geschieden und Mutter von drei Söhnen im Alter von 15, 12 und sechs Jahren. Sie arbeitete halbtags als Goldschmiedin bei einem Züricher Juwelier und hatte sich zusätzlich in ihrem Haus ein eigenes kleines Geschäft mit Werkstatt eingerichtet, um in der Nähe ihrer Kinder sein zu können. Das Geschäft ging gut, und Angela hatte eine ganze Menge zu tun.

Als sie zu mir kam, hatte sie die letzten vier Jahre allein mit ihren Kindern gelebt, und nun wünschte sie sich wieder eine feste Beziehung, wollte sogar heiraten. Ihre Vorstellungen vom Partner formulierte sie sehr klar: Er sollte zwischen 40 und 50 Jahre alt sein, sportlich und eine Leidenschaft fürs Skifahren, Bergwandern, Skaten und Biken haben. Er sollte, wenn möglich, keine eigenen Kinder haben, mit ihren eigenen war sie ausgelastet genug, und finanziell abgesichert sein. Ich war skeptisch. Angela war kein einfacher Fall.

Denn die potentiellen Partner, die für sie in Frage kamen, also Männer Mitte 40, hatten zu 80 Prozent eigene Kinder – mit denen sie alle zwei Wochen das Wochenende verbrachten –, und diese Männer suchten in der Regel wiederum eine unabhängige Frau. Doch das war Angela nicht: Durch den jüngsten Sohn war sie noch mindestens zehn Jahre gebunden. Dann wäre sie 55 Jahre alt gewesen.

Obendrein war Angela ungünstigerweise sehr sportlich. Warum ungünstigerweise werden Sie sich jetzt fragen. Ganz einfach: Viele Männer können ab einem gewissen Alter diesem Tempo nicht mehr standhalten, wollen allerdings nicht dauernd damit konfrontiert werden und lehnen deshalb sportliche Frauen ab.

Egal, von welcher Seite ich Angelas Wunsch auch betrachtete, es blieb schwierig. Männer in diesem Alter bevorzugen Frauen, mit denen sie das Leben genießen können. Ich teilte Angela meine Gedanken und Bedenken mit, dass es schwierig werden könnte, einen geeigneten Partner zu finden.

Doch sie ließ meine Einwände nicht gelten. ›Warum soll das schwierig sein?‹, fragte sie. ›Es gibt schließlich so viele alleinstehende Männer!‹

Gegen so viel Optimismus kam ich nicht an. Also beschloss ich, es zu versuchen. Beim ersten Mann, den ich ihr vorstellen wollte, hatte ich echte Überzeugungsarbeit zu leisten, bevor er sich bereit erklärte, Angela zu treffen.

›Nein, Frau Klein, drei Kinder in diesem Alter, wie soll das funktionieren? Ich bin nicht auf der Suche nach einer Familie, ich möchte eine Partnerin, mit der ich reisen und schön essen gehen kann – aber bitte nicht im Pulk!‹ Nachdem ich lange auf ihn eingeredet hatte, willigte er schließlich ein, sich mit ihr zu verabreden. Und: Er war danach begeistert!

Sie allerdings nicht. Auch der nächste, den ich ihr vorstellte, überzeugte sie nicht. Der übernächste auch nicht. Langsam wurde ich bei jedem Vorschlag, den ich ihr unterbreitete, mutiger, was das gewünschte Profil der Männer anging. Die Herren wurden attraktiver – und jünger. Jeder einzelne schwärmte von ihr und war nach dem ersten Treffen nicht mehr zu bremsen. Sie hätte jeden von ihnen haben können!

Ich war völlig überrascht: Wie oder was machte diese Frau, um die Männer so zu faszinieren? Ging sie mit jedem ins Bett? War sie das ›Luder‹, das auch noch kochen kann? Was strahlte sie aus, das ich nicht sah? Ich beschloss, der Sache auf den Grund zu gehen und die Herren zu befragen. Und war nach den ersten Gesprächen noch erstaunter: Jeder dieser Männer hatte das Gefühl, einer *richtigen* Frau begegnet zu sein. ›Sie ist Lebensfreude pur‹, sagte der eine. ›Sie strahlt so viel Zuversicht aus, trotz der Enttäuschungen in der Vergangenheit. Mit ihr kann man Pferde stehlen, sie in ein Luxusrestaurant ausführen, und anschließend läuft sie barfuß nach Hause. Sie ist einfach authentisch.‹ – ›Allein mit Angela zu telefonieren, fühlt sich wie eine Umarmung an. Da ist so viel Zärtlichkeit in ihrer Stimme‹, verriet mir ein anderer.

Ich wollte wissen, ob die Männer sich nicht von den Kindern gestört fühlten. ›Nein, gar nicht!‹, rief Ludger – ein

Manager, der ständig unterwegs war und auf Familie und Häuslichkeit keinen allzu großen Wert legte. Er war direkt erstaunt über meine Frage.

Ich kam Angelas Geheimnis einfach nicht auf die Spur und wurde immer neugieriger. Also rief ich sie an und bat um ein persönliches Gespräch. Und es wurde ein sehr persönliches Gespräch! Sie kam in die Agentur in Jeans, weißer Bluse, Pumps und einem Jackett, das ihr lässig über die Schultern hing. Außerdem trug sie traumhaften Schmuck aus eigener Werkstatt.

›Angela, ich versuche, den Erfolg, den Sie bei den Männern haben, zu ergründen. Was stellen Sie nur mit ihnen an? Alle sind restlos von Ihnen begeistert!‹

›Ich weiß nicht, wovon Sie sprechen. Alles lief ganz normal‹, sagte sie freundlich.

Ich versuchte es andersherum: ›Sie leben seit vier Jahren nicht mehr in einer festen Beziehung. Haben Sie sich in dieser Zeit sehr einsam gefühlt?‹

Angela sah mich mit großen Augen an und lachte. ›Nein, auf keinen Fall. Nachdem mein Mann mich verlassen hatte, habe ich eine Woche lang geweint. Danach war das Thema für mich abgeschlossen. Obwohl ich sehr enttäuscht und gekränkt war, wollte ich nach vorne schauen. Und ich wusste, dass ich mich wieder auf eine Beziehung und auch auf eine Ehe einlassen wollte. Allerdings hatte ich in dieser Zeit viel zu tun mit den Kindern und meinem Geschäft, das ich mir damals aufbaute. Also habe ich mir die Zwischenzeit mit Liebhabern versüßt.‹

Ich war völlig baff. ›War denn da keiner dabei, mit dem Sie eine feste Beziehung hätten aufbauen können?‹

›Nein, wirklich nicht‹, sie lächelte keck, ›ich hatte Affären – Fitnesstrainer, Skilehrer, alles tolle Männer mit phantastischen Figuren, nicht mehr und nicht weniger. Ich habe diese Zeit genossen. Aber jetzt wünsche ich mir einen Partner, der an meinem Leben teilnehmen darf.‹

Da konnte ich sie spüren, diese zufriedene, gelassene und ausgeglichene Ausstrahlung, die auch die Männer so fasziniert haben musste. Angela hatte in diesen vier Jahren als Frau nichts vermisst. Sie wurde begehrt. Sie nutzte ihre neue Freiheit, um sich in Ruhe um ihre berufliche Zukunft und ihre Kinder kümmern zu können. Für eine feste Beziehung war dabei kein Platz.

Übrigens: Ludger, der Manager, der eine Familie abgelehnt hatte, wurde ihr Mann! Er hatte nicht lockergelassen und sich wahnsinnig um sie bemüht. Sie war die Frau seiner Träume.

Nun, meine Damen, was lernen wir daraus? Besser eine gute Affäre als gar keinen Sex«, schloss ich meinen Vortrag.

Die Frauen blickten mich schweigend an. Eine unangenehme Stille breitete sich aus, die mir wie eine Ewigkeit vorkam. Ich war beinahe erleichtert, als eine resolute Dame mittleren Alters sich aufgeregt meldete: »Ja, aber es ist doch allgemein bekannt, dass Frauen, die sich einfach nur zum Spaß mit Männern einlassen, bei den seriösen, eventuell für eine feste Beziehung geeigneten Herren unten durch sind, nicht wahr?« Zustimmung suchend blickte sie in die Runde.

»Nur weil bestimmte Mythen existieren, heißt es noch lange nicht, dass sie auch zutreffen«, antwortete ich ihr.

Daraufhin herrschte erneutes Schweigen im Saal. Peinliches Schweigen. Veronica sah mich schulterzuckend an.

»Haben Sie noch weitere Fragen?« Ich versuchte, ganz lässig zu wirken und lächelte ein wenig verkrampft.

Eine attraktive Rothaarige stand auf und sah mich ärgerlich an. »Wie dürfen wir Ihren Vortrag verstehen? Warum haben Sie diese Weisheit aus Ihrem Nähkästchen hervorgeholt? Halten Sie uns etwa für alte, vertrocknete Jungfern, die seit Ewigkeiten keinen Sex mehr hatten? Oder sollen wir jetzt alle hinauslaufen und uns dem ersten Mann an den Hals werfen, der uns über den Weg läuft?«

Ich sah in die Runde und musste mir das bildhaft vorstellen. Eine amüsante Idee, die so schlecht nicht war! »Was ist denn so abgründig an dem Gedanken, einfach einmal wieder Sex zu haben?«, versuchte Veronica, mich zu retten.

Damit trat sie eine Diskussion los, die in dieser Runde in dieser Weise noch nie stattgefunden hatte. Schnell kristallisierten sich zwei Lager heraus: das lebensbejahende, hierzu gehörten die Frauen, die einfach gerne Sex hatten und dazu standen, und das ernsthafte Lager, in dem die Frauen nur Sex gestatteten, wenn folgende Kriterien erfüllt wurden: die Aussicht auf eine feste Beziehung, wenn möglich eine Ehe, die Erfüllung des Kinderwunschs und ein gutes Einkommen. Zusätzlich schadete es nicht, wenn der Mann vertrauensvoll und seriös wirkte, eine große Wohnung oder ein Haus besaß, ein angemessenes, teures Auto fuhr, etwas älter war und vor allem größer – mindestens 1,85 Meter wegen der hohen Absätze –, keine Altlasten und auf keinen Fall eigene Kinder hatte, nicht geschieden war, dafür aber zärtlich, verständnisvoll und liebevoll.

Veronica hatte sichtlich Spaß an der Diskussion, und sie ergriff das Wort: »Meine Damen, wenn Sie wieder eine Beziehung eingehen möchten, sollten Sie mit einem Mann Sex haben! Zögern Sie nicht allzu lange, und zeigen Sie Freude am Liebesleben! Nur dann, und wirklich nur dann, wird er von Ihnen begeistert sein. Er wird mit Ihnen ins Theater gehen, zum Einkaufen, ein guter Zuhörer sein, Berater in

Geschäftsfragen – und er wird Ihnen einen Heiratsantrag machen. Aber erst nach dem Sex! Glauben Sie uns. Wir wissen es.« Sie lächelte vielsagend in die Runde.

Daraufhin brach ein wahrer Tumult los. Einige Frauen schauten so böse, dass ich schon befürchtete, sie würden Veronica am liebsten steinigen.

Eine etwas jüngere Frau mit dunklen Locken und glühenden Wangen meldete sich zu Wort: »Wenn ich mich heute entscheide, nach drei Jahren Singledasein ohne Sex eine Affäre zu beginnen, könnten Sie sich dann vorstellen, dass ich bald einen Partner finde, mit dem ich eine glückliche Beziehung eingehen werde?«, fragte sie mich erwartungsvoll.

»Natürlich kann ich Ihnen nichts garantieren, aber auf jeden Fall könnten Sie dadurch Ihre Einstellung ändern. Das Ganze ein bisschen entspannter sehen und nicht voller Verzweiflung auf den einen Richtigen warten. Und dann könnte ich mir gut vorstellen, dass Sie bald einen netten Partner finden«, antwortete ich ihr zuversichtlich.

»Wunderbar, dann muss ich sofort gehen!« Sie stand so schwungvoll auf, dass ihr Stuhl umkippte. Ohne sich noch einmal umzudrehen, verließ sie den Raum. Die Tür fiel geräuschvoll hinter ihr ins Schloss. Nach diesem Abgang würde sie garantiert aus der Gruppe ausgeschlossen werden. Veronica und ich beschlossen bald darauf ebenfalls, dass es nun an der Zeit war, uns zu verabschieden, und wir wünschten den Damen alles Gute und viel Erfolg. Wobei auch immer.

Wir nahmen direkten Kurs auf die kleine, gemütliche Hotelbar, denn zum Essen war es mittlerweile zu spät geworden. Stattdessen bestellten wir Whisky Sour und viel Chips und Erdnüsse.

Veronica kicherte vergnügt. »Das war der lustigste Abend, den ich seit langem erlebt habe. Diese Gesichter! Mit deiner

Geschichte hast du wirklich eine Lawine losgelöst. Zuerst dachte ich, um Gottes willen, über was redet sie da? Ich hatte angenommen, du würdest über das Für und Wider einer Partnervermittlung referieren.«

»Das hatten die anderen sicher ebenfalls angenommen«, antwortete ich. »Aber ich wollte keine Werbung für Vermittlungen machen. Also habe ich mir überlegt, was die Frauen interessieren könnte. Und es hat sie ja auch alle interessiert, so oder so.«

Wir bestellten noch mehr Whisky, Chips und Nüsse und plauderten bis weit nach Mitternacht.

Beim Bezahlen zwinkerte mir der Kellner, der uns auch im Vortragsraum bedient hatte, verschwörerisch zu und gab mir zusammen mit der Rechnung einen Zettel mit seiner Telefonnummer. So direkt hatte ich das mit dem Sex auch nicht gemeint.

Kapitel 12

Michael hatte einen ganzen Tag für die Besprechung einiger Problemfälle angesetzt und drohte, uns erst gehen zu lassen, wenn wir eine Lösung gefunden hatten. So ähnlich wie bei Geschworenen. Wir nahmen also am großen Besprechungstisch Platz, und ich blickte gespannt in die Runde. Michael schnaufte schon genervt vor sich hin, bevor wir überhaupt angefangen hatten. Bärchen kaute gelangweilt an ihrem Bleistift. Veronica rauchte und sah heute sehr zufrieden aus. Vielleicht hatte sie etwas von Alexander gehört? Ich würde sie später unbedingt zur Rede stellen!

Das Thema, das Michael als erstes auf die Tagesordnung gesetzt hatte, lautete: das richtige Matching – wer passt zu wem? In unserem Klienten-Pool hatten wir in jeder Altersgruppe und sozialer Schicht in etwa jeweils dieselbe Anzahl an Männern und Frauen. Trotzdem konnten wir einigen Leuten kaum oder gar keine Partnervorschläge unterbreiten. Unser Bestreben war es jedoch, alle unsere Klienten zufriedenzustellen. Das war aber nicht immer leicht: Hin und wieder hatten wir den Eindruck, dass es Personen gab, die tatsächlich alles taten, um eine erfolgreiche Vermittlung unmöglich zu machen.

Mit nichts waren sie einverstanden, und niemand konnte es ihnen recht machen. Sie meckerten ständig – die Nase war nicht attraktiv genug, die Figur ebenso wenig, das Auto nicht standesgemäß und der Lippenstift zu bunt. Wir konnten tun, was wir wollten, alles war vergebens.

Einer unserer größten Problemfälle war Frau Burgmer, eine 45-jährige, durchaus attraktive Boutiquebesitzerin, ledig und ohne Kinder. Beim ersten Gespräch, das Veronica mit ihr führte, wirkte sie sympathisch, freundlich und unkompliziert. Leider hielt der erste Eindruck jedoch nicht, was er versprochen hatte.

Der erste Vorschlag, den wir ihr unterbreiteten, gefiel ihr gut. Er war Direktor einer Bank, 55 Jahre alt, ein sehr intelligenter, charmanter Mann mit vielseitigen Interessen im kulturellen und künstlerischen Bereich. Sein Steckenpferd waren Literatur und Sprachen, er beherrschte mehrere Fremdsprachen fließend. Nun, nach dem ersten Treffen informierte er uns, dass er Frau Burgmer zwar attraktiv gefunden habe, aber keine Lust hatte, sich einen weiteren Abend mit ihr über Mode zu unterhalten.

»Typisch Frau«, brummelte Michael. »Ich kann mir richtig gut vorstellen, wie das Date gelaufen ist. Sie hat ihn modisch begutachtet und dabei allerhand an ihm auszusetzen gehabt. Wahrscheinlich hat sie die Edelboutiquen der Stadt aufgezählt, die sie unbedingt mit ihm besuchen möchte. Klar, dass er nach einem Abend die Nase voll hat. Wie sieht es denn mit den anderen Kandidaten aus? Vielleicht haben wir da mehr Glück.«

Bärchen holte die Akte von Frau Burgmer heraus. »Wir haben ihr außerdem einen 58-jährigen Unternehmer vorgestellt. Er hat keine so hohen Ansprüche, was den Intellekt betrifft. Dafür geht er gerne einkaufen, genug Geld besitzt er. Er liebt teure, edle Restaurants und ist absolut unsportlich, denkt jedoch, dass er dynamisch und aktiv wirkt. Trotz seines Bauches. Er reist auch gerne auf die Kanaren, um braun zu werden, genau wie sie.« Ich war immer wieder überrascht, mit welcher Logik und Einfachheit unsere Auszubildende an die Vorschläge ging. Meist mit viel Erfolg. Außer bei Frau Burgmer, an der bissen wir uns noch immer die Zähne aus.

»Ja, und was war mit ihm, hat es wieder nicht gepasst?«, fragte Veronica. Bärchen seufzte tief, bevor sie weiterredete: »Er wollte, dass sie zu ihm kommt, damit sie von seinem Haus aus gemeinsam zu Fuß in ein See-Restaurant ganz in der Nähe gehen. Das wollte sie aber nicht, denn sie war der Ansicht, man könne sich ja gleich im Restaurant treffen. Er wiederum fand das nicht so schön, weil sie ja dort quasi erst vom Kellner miteinander bekannt gemacht worden wären. Also lehnte er es weiterhin kategorisch ab, dass sie sich erst im Restaurant trafen, und sie bestand darauf, dass er sie abholen käme.

Aber auch das ging nicht, denn er hatte gerade keinen Führerschein und wollte nicht den Ritter im Taxi spielen. Sie schlug also einen Spaziergang vor dem Essen in der Seestraße vor, das fand er zwar erst zu langweilig, ließ sich nach langer Diskussion dann aber doch darauf ein. Sonst hätten sie sich ja nie verabredet. Eine Stunde vorher sagte sie das Date dann aber überraschend ab. Jetzt ist er verärgert und sie unzufrieden.«

»Das darf doch nicht wahr sein. Haben wir sie noch anderen Klienten vorgestellt?«, brummte Michael.

»Ja, und zwar Herrn Lüscher«, antwortete Bärchen.

»Wie bitte? Seid ihr wahnsinnig? Das ist einer unserer besten Klienten!« Jetzt wurde Michael richtig sauer.

Veronica versuchte, ihn zu beschwichtigen, bevor er Bärchen den Kopf abriss. »Die Sache hatte sich sowieso schnell erledigt. Herr Lüscher erfüllte zwar alle Kriterien, schließlich ist er wohlhabend, kinderlos und geistreich. Aber auch er hat einen Makel – sie überlegt gar, sich jetzt rechtlichen Beistand zu suchen, um den Vertrag mit uns anzufechten –, denn haltet euch fest: Er ist nur 1,75 Meter groß! Sie selbst bringt es zwar auch nur auf 1,63 Meter. Aber wenn sie Schuhe mit Absatz trägt, ist er zu klein für sie. Deshalb hat sie ihm am Telefon mitgeteilt, dass sie ihn nicht kennenlernen möchte.«

»Wegen der Körpergröße?«, fragte ich besorgt. Herr Lüscher war mein Kunde, und das wäre mir wirklich peinlich gewesen.

»Nein, zum Glück nicht. Es hat ihn auch nicht interessiert, warum sie ihn nicht treffen wollte. Er fand ihre Art am Telefon schon etwas hysterisch«, beruhigte Veronica mich.

»Deswegen will sie zum Anwalt? Nur weil ein Klient von uns, der zwölf Zentimeter größer ist als sie, ihrer Meinung nach zu klein ist?«, empörte sich Michael. »Ist die denn von allen guten Geistern verlassen? Sie lehnt unseren besten Klienten ab, weil ihre Schuhe zu hoch sind?« So konnte man es auch sehen.

»Nein, sie hat sich dann wieder beruhigt. Aber nun möchte Frau Burgmer weiter Kandidaten treffen, und wir wissen nicht, wen wir ihr noch vorstellen sollen. Sie sieht attraktiv aus, aber ihre Ansprüche tendieren in eine Richtung, die nicht so einfach zu realisieren ist.«

Das hatte sie ganz nett ausgedrückt, fand ich.

»Was hat die Frau denn für Ansprüche?«, polterte Michael los.

»Ganz einfach«, antwortete Veronica. »Er muss groß sein, mindestens 1,80 Meter, sehr intelligent – wie genau sie das definiert, hat sie nicht gesagt –, er sollte sie direkt vor ihrer Haustür abholen, teuer zum Essen einladen, ihr aufmerksam zuhören, sie anschließend nach Hause bringen und ihr am nächsten Tag Rosen schicken. Ist doch gar nicht so schwer.«

»Genau«, Bärchen verdrehte genervt die Augen. »Von der Sorte hatte ich diese Woche gleich fünf.«

Ratlos schauten wir uns an. Was war da nur los? Immer wieder stellten wir fest, dass für manche Menschen unglaublich nebensächliche Dinge von größter Bedeutung waren. Wie wichtig ist der Absatz der Schuhe für eine glückliche Beziehung? Von Schuhfetischisten einmal abgesehen. Sollte nicht der Mensch wichtiger sein als die Pumps? Ist es nicht zumutbar, einfach flachere Schuhe anzuziehen? Besteht dazu überhaupt die Notwendigkeit, wenn der Mann zwölf Zentimeter größer ist?

»Warum legt sie eigentlich so großen Wert auf einen intelligenten Mann?«, fragte Michael verwundert. »Sie hat doch selbst keine besonderen Interessen und eine durchschnittliche Schulbildung. Was will sie denn mit den intelligenten Männern?«

Bärchen las laut aus der Akte von Frau Burgmer vor: »Da ich einmal einen Freund hatte, der Professor war, möchte ich nur noch Männer mit hoher Bildung kennenlernen. Weil ich das gewohnt bin.«

»Wie lange dauerte denn die Beziehung mit diesem Professor?«, wollte Veronica wissen.

»Ganze fünf Wochen«, seufzte Bärchen. »Sie hat ihn auf einer Reise kennengelernt, und sie haben sich dann ab und zu besucht.«

Michael schnaufte nun noch lauter. Frau Burgmer war wirklich eine harte Nuss. »Ist das eigentlich ein allgemeines gesellschaftliches Problem oder eines, das vor allem bei Agenturklientel vorkommt?«, wollte er wissen.

»Ich bin der Meinung, dass es zu einem allgemeinen Problem geworden ist«, sagte Veronica. »Es wird immer schwieriger, manchen Kunden klarzumachen, dass sie das Gesuchte auch selbst verkörpern müssen oder zumindest in sich tragen sollten. Zum Beispiel wenn es um Bildung geht.

Ich habe letzte Woche beinahe mit einer Klientin am Telefon gestritten. Sie will unbedingt einen Gatten mit Hochschulabschluss, da ihr erster Mann auch Akademiker war. Offenbar hat sie schon vergessen, dass dieser Ex-Mann sie damals wegen einer Akademikerin verlassen hat.

Oder ein anderer Klient, der auf einer Urlaubsreise eine amerikanische Ärztin kennengelernt hat. Große Liebe, die beiden haben geheiratet, sie zog nach Deutschland und lernte seine Sprache. Und das war's dann. Auf einmal konnten sie einander verstehen – und deshalb verstanden sie sich schon bald nicht mehr. Sie hat sich scheiden lassen, weil ihr intellektueller Anspruch höher war. Und was lernt er daraus? Er sucht wieder eine intelligente Frau mit höherer Bildung. Was soll man dazu sagen?«

Bärchen fielen weitere ungeklärte Fragen und Probleme ein. »Wie soll ich mich bei Klienten verhalten, die sich beschweren, weil die Person, die ihnen vorgeschlagen wurde, sich nicht umgehend bei ihnen meldet? Egal, ob Mann oder Frau – immer muss der andere sich zuerst melden. Und was mache ich, wenn ein Klient anruft und einen neuen Vorschlag ablehnt, weil die Person ein Jahr älter als gewünscht ist? Neulich hatte ich so einen Fall: Der Mann wollte unbedingt eine Frau kennenlernen, die zehn Jahre jünger ist als er. Die vorgeschlagene Kandidatin konnte leider nur mit neun Jahren Altersunterschied aufwarten – und er weigerte sich, sie zu treffen. Können wir nicht solche Klienten ablehnen, die so festgefahrene Vorstellungen haben, dass sie kaum zu realisieren sind?«

Unser Azubi hatte es tatsächlich manchmal nicht leicht in unserer Agentur. Sie saß als Einzige den ganzen Tag im Büro, nahm die meisten Anrufe entgegen und hatte entsprechend viele Fragen zu beantworten und Kunden zufriedenzustellen. Sie hätte wirklich eine Gefahrenzulage verdient oder zumindest eine Gehaltsaufbesserung.

Wir besprachen noch eine ganze Reihe weiterer schwieriger Fälle. Veronica, Bärchen und ich diskutierten neue Strategien und entwarfen verschiedene Möglichkeiten, Menschen einander vorzustellen und ihr Kennenlernen zu organisieren. Aber nichts überzeugte uns so richtig.

Michael hielt sich aus unseren Überlegungen heraus und kritzelte derweil mit geschäftiger Miene auf einem Zettel herum. Nach einer Weile hörte er damit auf, las sich das Geschriebene durch, nickte zufrieden und sah uns an.

»Ich habe mir eure Geschichten durch den Kopf gehen lassen. Ihr habt recht, es muss sich wirklich was ändern. Hier habe ich eine Checkliste erstellt, nach der wir in Zukunft vorgehen, wenn wir zwei Klienten miteinander bekannt machen möchten. Bärchen, schreib das mal mit, das ist unsere neue Arbeitsgrundlage.«

Dann begann er vorzulesen:

»Gebrauchsanweisungen für Partnersuchende:

- Wer einen Akademiker kennenlernen möchte, muss selbst schlau sein.
- Männer müssen ab sofort nur noch höchstens fünf Zentimeter größer sein als die Frau. Ansonsten werden die Pumps verbrannt.
- Menschen ohne Führerschein erhalten trotzdem Partnervorschläge.

- Frauen dürfen das Wort ›Mode‹ nicht mehr in den Mund nehmen. Tun sie es trotzdem, muss sich der Mann mit ihnen darüber unterhalten. Das Gleiche gilt dann aber auch umgekehrt für das Thema Fußball.
- Männer sind nicht dazu verpflichtet, automatisch Blumen zu schicken. Eine Verpflichtung besteht nur, wenn die Frau sich durch ein selbstgekochtes Abendessen erkenntlich zeigt. Das ist vorher von ihr anzudeuten, damit der Mann weiß, ob es sich auch lohnt, Blumen zu schicken.
- Die Augenfarbe spielt keine Rolle. Wenn doch, hat derjenige, dem die Farbe des anderen nicht gefällt, Sonnenbrillenzwang. Dann kann er solche Nebensächlichkeiten nicht mehr erkennen.
- Frauen müssen nicht zum Essen eingeladen werden. Tut der Mann das trotzdem, erwirbt er dadurch nicht automatisch das Recht, die Nacht mit ihr verbringen zu dürfen.
- Männer dürfen nicht am Alter einer Frau herumnörgeln. Wenn sie eine bedeutend jüngere Partnerin möchten, müssen sie folgende Bedingungen erfüllen. Für jede erfüllte Bedingung darf die Frau ein Jahr jünger sein:

Elf goldene Regeln für Männer, die eine jüngere Frau suchen:

1. Er muss über ausreichend Haare auf dem Kopf verfügen. Über die Glatze gekämmte Reste davon gelten nicht. Auch Toupets zählen nicht.
2. Er darf keinen erkennbaren Bauch – nicht einmal einen winzigen Ansatz – aufweisen.

3. Keine Kinder aus vorherigen Ehen – wie sollen die Leute sonst erkennen, wer die Partnerin ist und wer die Tochter?
4. Er muss Koffer, Ski-Ausrüstung und Einkaufstaschen tragen können, ohne dabei zu schnaufen und zu schwitzen.
5. Die Frau hat keinerlei Verpflichtungen im Haushalt, dafür steht ihr Personal zur Verfügung.
6. Sie erhält eine Partner-Kreditkarte.
7. Sätze wie ›Ich bin müde‹ verschwinden sofort aus seinem Wortschatz und werden ergänzt durch ›Schatz, was kann ich für dich tun?‹.
8. Er schenkt ihr ihren Lieblingswagen.
9. Sie darf zweimal im Jahr mit ihrer Freundin in den Urlaub fahren – ohne ihn.
10. Sie muss nicht mehr arbeiten gehen.
11. Ab einem Altersunterschied von zwölfeinhalb Jahren hat sie mindestens eine Platin-Kreditkarte verdient.«

Wir stellten uns vor, wie wir unseren Klienten diese Regeln in die Hand drückten, und konnten kaum aufhören zu lachen. Ich hatte Michael so viel Scharfsinn gar nicht zugetraut! Aber er hatte ja recht: Welcher souveräne, intelligente und lebenserfahrene Mann wollte sich schon auf eine zehn oder zwanzig Jahre jüngere Frau einlassen?! Wer sich so etwas wünschte, der hatte unsere Regelliste auch wirklich verdient, dachte ich zufrieden.

Und musste stutzen. Was war eigentlich mit Michael und mir? Ich war zwölf Jahre jünger als er, also hätte ich es nach unseren neuen Statuten mindestens bis zur Platin-Kreditkarte bringen müssen. Was natürlich nicht der Fall war. Irgendwas musste ich wohl falsch gemacht haben …

»Anwesende sind natürlich von diesen Regeln ausgenommen«, schob Michael ganz schnell hinterher. Er hatte mein kurzes Zögern bemerkt.

»Bärchen, drucken Sie das in Plakatgröße aus. Lassen Sie es rahmen, und dann hängen wir es gleich im Eingangsbereich auf. Wäre doch gelacht, wenn wir unsere schwierigen Klienten nicht zur Einsicht bringen können!«, beauftragte er unsere Auszubildende mit einem scherzhaften Unterton.

»Nein, das machen wir natürlich nicht. Wie sieht das denn aus?«, bremste ich ihn. »Aber warum heben wir uns diese Checkliste nicht auf und geben sie an die Klienten, die unbelehrbar sind? Es ist zwar wirklich unglaublich, dass wir erwachsenen, intelligenten Menschen mit solchen banalen Anweisungen auf die Sprünge helfen müssen, aber offenbar geht es nicht anders.«

Veronica gab mir recht: »Ja, so sollten wir es machen. Und uns zusätzlich Gedanken über unsere Beratungs- und Vermittlungsstrategie machen. Schließlich kommen die Leute mit einer Idealvorstellung zu uns, die sich kaum umsetzen lässt. Sie glauben aber, dass die Partner, die wir ihnen vorschlagen, zu einhundert Prozent ihren Suchkriterien entsprechen müssen. Als ob ein real existierender Mensch dazu in der Lage wäre. Aber genau das sind die Anforderungen, die sie an uns stellen. Und sie erwarten, dass wir liefern, und zwar zu ihrer vollen Zufriedenheit.«

Wir saßen noch bis in den frühen Abend hinein beieinander und diskutierten, wie wir unsere Beratung noch verbessern konnten. Am Ende hatten wir uns auf folgendes Vorgehen geeinigt: Jeder Klient würde ab sofort gleich von Beginn an einem persönlichen Berater zugeteilt werden, der ihn und seine Wünsche kennenlernen und bei der Suche nach einem Partner begleiten sollte.

Bei den »schwierigen« Fällen würden wir Termine für ein zweites und drittes Gespräch ausmachen. Dabei sollte eine Situationsanalyse und eine realistische Bestandsaufnahme durchgeführt werden, der Klient hinsichtlich seines Selbst- und seines Fremdbildes befragt und eine erfolgversprechende Strategie zur Partnerfindung in Absprache mit dem Klienten erarbeitet werden. Wer dann immer noch nicht davon abzubringen war, nach einem perfekten Ideal zu suchen, dem war wohl nicht mehr zu helfen.

Eine andere Frage, die wir diskutierten, war, ob wir uns entscheiden wollten, auch Kunden abzulehnen. Dafür konnte es vielerlei Gründe geben: neben übertriebenen Ansprüchen an den potentiellen Partner – die im Übrigen von den meisten Klienten selbst nicht erfüllt wurden – gab es natürlich hin und wieder den ein oder anderen Verrückten oder Personen, die aus anderen Gründen nur sehr schwer zu vermitteln waren. Nach langer Debatte beschlossen wir jedoch am Ende, es trotzdem in jedem Fall zumindest zu versuchen. Immerhin hatten wir genügend Erfahrung und Know-how, liebten die Herausforderung und wollten uns auch nicht die Möglichkeit nehmen, noch weiter dazuzulernen. Schließlich kann man nur an Schwierigkeiten wachsen.

Es war unser Ziel, so vielen Menschen wie möglich eine glückliche Beziehung zu ermöglichen, und außerdem darf man natürlich auch nicht vergessen, dass wir mit dieser Arbeit unser tägliches Brot verdienten und allein schon aus diesem Grund niemanden leichtfertig abweisen durften. Mit diesem Ergebnis beendeten wir schließlich die Sitzung.

Veronica sah auf die Uhr. »Oje, schon so spät?! Ich muss sofort los! Ich habe eine Verabredung und bin spät dran. War's das? Ich bin dann jetzt weg! Einen schönen Abend euch allen!« Sie sprang auf und eilte aus dem Zimmer.

Jetzt war mir klar, warum sie heute so glücklich aussah. Bestimmt hatte sie ein Date mit Alexander.

Ich hatte es nun aber ebenfalls eilig, schließlich war Freitag, und ich freute mich auf die freien Tage. Michael hatte mich vor ein paar Tagen mit dem Vorschlag überrascht, das Wochenende gemeinsam auf Sylt zu verbringen.

Kapitel 13

Ich eilte nach Hause, um meinen Koffer zu packen, bevor Michael mich abholen kam. Es sollte unsere erste gemeinsame Reise werden, und ich sehnte mich so sehr nach romantischen Stunden zu zweit, nach endlosen Strandspaziergängen, einem gemütlichen Frühstück im Bett, dem Rauschen des Meeres und gemeinsamen Gesprächen.

Aufgeregt stand ich vor dem Kleiderschrank, um zu überlegen, was ich alles einpacken würde. Der Herbst hatte mittlerweile begonnen, und an der See würde das Klima wahrscheinlich rauer sein als in Düsseldorf. Trotzdem beschloss ich, das schicke schwarze Kleid mitzunehmen, das ich im Sommer gekauft hatte. Wer weiß, vielleicht würde sich ja eine Gelegenheit ergeben. Außerdem war es ja die Aufgabe meines Begleiters, dass ich nicht fror.

Zwei Stunden später hatte ich alle Vorbereitungen getroffen und saß neben meinem gepackten Koffer auf der Wohnzimmercouch. Michael musste jeden Moment kommen. Ich stand auf und ging zum Fenster. Vielleicht konnte ich ihn ja schon auf der Straße sehen.

Ich hielt Ausschau nach seinem Wagen, konnte ihn aber nicht entdecken. In diesem Moment klingelte das Telefon. Michael war dran. »Du hast doch nicht etwa schon gepackt, oder?«, brummelte er in die Leitung. »Ich habe nämlich vorhin den Wetterbericht gehört, für heute Abend ist starker Nebel vorausgesagt. Das ist mir wirklich zu gefährlich, eine so weite Strecke. Und ich bin auch ganz schön müde nach der Woche. Lass uns doch morgen früh in aller Ruhe fahren.«

Ich war enttäuscht, gab mir aber Mühe, es mir nicht anmerken zu lassen. »Wie du meinst, vielleicht ist es wirklich vernünftiger. Nein, nein, ich habe noch gar nicht fertig gepackt, es ist also kein Problem.«

Wir verabredeten, dass Michael mich am nächsten Morgen gleich in der Früh abholen würde. Betrübt legte ich den Hörer auf und warf einen Blick auf meinen Koffer. Das romantische Wochenende ging ja schon mal gut los.

Am nächsten Morgen um halb acht klingelte es an meiner Tür. Ich hatte beschlossen, meine Enttäuschung vom Vorabend zu vergessen und mir meine Vorfreude auf das Wochenende mit Michael nicht nehmen zu lassen. Gut gelaunt öffnete ich also die Tür. Ich hatte schon vorher Mantel und Schuhe angezogen und griff nur noch nach meinem Koffer. Es konnte losgehen.

Michael wirkte angespannt und mürrisch. Hektisch verstaute er mein Gepäck im Kofferraum und stieg in den Wagen. Doch anstatt loszufahren, sah er mich an und druckste herum. Was war denn nun schon wieder los?

»Ich habe ganz vergessen, dass Peter, ein alter Schulfreund von mir, heute Geburtstag hat«, begann er. »Er hat mich gestern angerufen und mich an das Geburtstagsfrühstück heute erinnert. Ich hatte ihm schon vor ein paar Wochen zugesagt. Das ist aber gar kein Problem, er wohnt ein bisschen außerhalb von Düsseldorf. Das liegt quasi auf unserem Weg. Wir fahren auch nur ganz kurz vorbei und gratulieren. Und dann können wir gleich weiter, ja?«

Ich wurde langsam sauer, dachte aber dann an meinen Entschluss, mir nicht die Freude auf dieses Wochenende nehmen zu lassen. Was soll's, sagte ich zu mir, eine Stunde früher oder später, das war nun auch egal. Bis zum Abend würden wir auf jeden Fall in Sylt ankommen. Und dann könnten wir es uns ja immer noch gemütlich machen und den morgigen Tag am Meer genießen.

Also gab ich resignierend meine Zustimmung: »Wenn es sein muss. Aber bitte nur eine Stunde. Höchstens.«

Das war ein Fehler, wie sich schon bald herausstellte. Ich hatte nicht damit gerechnet, dass Peter nicht nur Michael, sondern auch noch fünf andere ehemalige Schulfreunde inklusive Frauen und Kinder eingeladen hatte, von denen Michael mindestens schon drei seit Jahrzehnten nicht mehr gesehen hatte. Es gab ein großes Hallo, als wir das Haus des Geburtstagskindes betraten.

Michael machte sich keine große Mühe, mich seinen Bekannten vorzustellen, also musste ich das selbst übernehmen. Enttäuscht und stinksauer nahm ich Platz und gab mir große Mühe, gute Miene zum bösen Spiel zu machen. Bald schon war klar, dass wir hier niemals nach einer Stunde wieder aufbrechen würden. Auch nicht nach zwei.

Meine Laune näherte sich immer mehr dem Tiefpunkt. Am frühen Nachmittag endlich sah Michael erst auf die Uhr und dann zu mir.

»Oh, jetzt ist es doch später geworden als geplant. Wir sollten wohl langsam aufbrechen.«

»Ja«, presste ich gereizt hervor, »wenn wir heute noch auf Sylt ankommen wollen, sollten wir das wohl tun.«

»Jetzt sei doch nicht gleich sauer«, versuchte er, mich zu besänftigen. »Das Wochenende hat doch gerade erst angefangen, wir werden schon noch genug Zeit am Meer haben. Ich verabschiede mich jetzt noch schnell, und dann können wir in zehn Minuten los. Versprochen!«

Eine weitere Stunde später stiegen wir ins Auto. Ich kochte mittlerweile vor Wut. Wie konnte er mich nur so im Stich lassen?

»Ist was mit dir? Du bist so schweigsam«, fragte er mit einem erstaunten Seitenblick auf mich. »Ich dachte, wir machen uns jetzt ein schönes Wochenende.«

Da platzte ich. Von meiner Selbstbeherrschung und der Vorfreude auf das Wochenende war nicht mehr viel übrig. Ich fragte ihn entgeistert, was er sich eigentlich dabei dachte, wie er mich so behandeln könnte und ob es ihn allen Ernstes wundern würde, dass ich stinksauer sei, nachdem er unsere Abfahrt entgegen seinem Versprechen auf den frühen Abend verschoben hätte.

Er reagierte genervt. »Na ganz toll. Mit so einer Laune brauchen wir ja gar nicht erst loszufahren. Das bringt doch jetzt gar nichts mehr.«

Ich versuchte nicht, ihn umzustimmen. Er hatte ja recht. Und meine Lust auf Sylt war nun endgültig verflogen.

Schweigend fuhren wir also zurück nach Düsseldorf. Als wir vor meiner Wohnung ankamen, sah er mich traurig an.

»Du hast ja recht mit deiner Wut«, begann er. »Das war wirklich blöd von mir, ich kann verstehen, dass du enttäuscht bist. Das wollte ich nicht, bitte glaub mir, mein Schatz.«

Er hatte mich noch nie zuvor mit »mein Schatz« angesprochen.

»Was hältst du davon«, fuhr er fort, »wenn wir uns morgen einen ganz tollen Tag hier in der Nähe machen? Ich hole dich ab, wir machen einen schönen Ausflug ins Grüne. Dann führe ich dich fein zum Essen aus, und wir lassen den Tag ganz gemütlich und romantisch bei mir zu Hause ausklingen. Und ich verspreche dir, dass so etwas nicht noch mal vorkommt.«

Ich seufzte. Wenn er mich so ansah, konnte ich ihm nicht böse sein. Und jetzt, wo er seinen Fehler einsah und sich entschuldigte, war ich auch schon wieder halb versöhnt. Außerdem lief Sylt uns ja nicht davon. Und im Sommer war es da ja ohnehin viel schöner. Also lächelte ich ihn zögernd an.

»Das klingt gut. Ich freue mich auf den Tag morgen. Komm gut nach Hause und schlaf gut.«

Warum hatte er eigentlich nicht vorgeschlagen, dass ich gleich mit zu ihm nach Hause kommen sollte, fragte ich mich, als ich meine Wohnung betrat. Meinen Koffer stellte ich im Flur ab. Den würde ich nun nicht mehr brauchen, aber ich hatte auch keine Lust, ihn gleich auszupacken.

Mit einem Glas Rotwein setzte ich mich auf die Couch und dachte über Michael und mich nach und darüber, wie schwer es war, ein Gefühl der Nähe und Vertrautheit zu diesem Mann aufzubauen. Zum ersten Mal beschlich mich das Gefühl, dass mir in unserer Beziehung etwas Entscheidendes fehlte. Aber ich schob den Gedanken beiseite. Ich hatte ihm verziehen, und morgen würden wir einen wunderschönen, harmonischen Tag miteinander verbringen.

Am nächsten Morgen wurde ich früh aus dem Schlaf gerissen. Das Telefon klingelte. Noch halb benommen griff ich nach dem Hörer. Es war Michael. Er habe die halbe Nacht nicht geschlafen. Es sei wohl irgendetwas im Essen gewesen, das er nicht vertragen habe. Auf jeden Fall gehe es ihm elend, er habe Magenschmerzen, und ihm sei ständig übel. Natürlich hätte er sich auf den Tag mit mir gefreut, und er sei untröstlich, aber er sehe sich außer Stande, heute einen Fuß vor die Tür zu setzen. Meinen Vorschlag, dass ich zu ihm kommen und ihn pflegen könne, lehnte er gleich ab.

Er wisse schließlich nicht, ob es nicht vielleicht doch etwas Ansteckendes sei. Nein, es wäre wohl besser, wenn ich zu Hause bliebe. Obwohl er sich so gefreut hätte, mich zu sehen.

Ich legte auf und brach in Tränen aus. Die ganze Enttäuschung der letzten Tage floss aus mir heraus. Den Sonntag verbrachte ich wie ein Häufchen Elend zwischen zerknüllten Taschentüchern auf dem Sofa.

Ich konnte mich nicht daran erinnern, wann ich mich das letzte Mal so unglücklich gefühlt hatte. Dabei hatte doch alles so gut begonnen: die Beziehung mit Michael, unsere Partneragentur. Es lief doch alles großartig, oder?

Je länger ich darüber nachdachte, umso bewusster wurde mir, dass eigentlich nicht wirklich viel großartig lief. Michael hielt mich auf Abstand, wo er nur konnte. In unserer Beziehung sowieso, aber auch beruflich.

Als wir die Agentur gründeten, hatten wir uns auf folgenden Plan geeinigt: Er stellte das Kapital zur Verfügung, und ich würde im Gegenzug meinen Beitrag durch meine Erfahrung und meine Arbeitskraft leisten. Irgendwann, wenn sich unsere Beiträge deckten, würde ich offiziell zur Mitinhaberin ernannt werden.

Momentan war es noch ausschließlich Michaels Firma. Er zahlte meine laufenden Kosten und gab mir darüber hinaus ein wenig »Taschengeld«, bis ich eines Tages zur gleichberechtigten Geschäftsführerin aufsteigen würde. Am Anfang war ich damit zufrieden gewesen. Immerhin ging es zunächst darum, das Geschäft erst einmal zum Laufen zu bringen. Außerdem konnte ich meine Ideen und Vorstellungen einbringen und umsetzen – und den ganzen Tag in Michaels Nähe sein.

Je länger ich darüber nachdachte, umso deutlicher wurde

mir, dass wir uns eigentlich fast ausschließlich in der Arbeit sahen. Zeit für gemeinsame Unternehmungen und Erlebnisse gab es darüber hinaus kaum. Unsere Beziehung war reiner Alltag, Momente der Nähe und des gemeinsamen Austauschs gab es so gut wie gar nicht. Höchstens, wenn er mir im Restaurant in den Mantel half.

Es war nicht seine Art, Gefühle oder Zuneigung zu zeigen. Manchmal hatte ich das Gefühl, dass ich auf Liebesbekenntnisse bei ihm ebenso wenig zu hoffen brauchte wie auf Leidenschaft und Zärtlichkeit. »Ich bin kein Mann der großen Worte«, hatte er mir ganz zu Beginn unserer Beziehung einmal gesagt. Damals hatte ich das so männlich gefunden.

Wir arbeiteten mittlerweile fast rund um die Uhr. Um acht waren wir im Büro, um 22 Uhr zu Hause, und das sieben Tage die Woche. Einerseits war es phantastisch, wie erfolgreich unsere Agentur lief. Andererseits gab es fast nichts mehr außerhalb der Partnervermittlung. Abends fiel ich wie ein Sandsack ins Bett und schlief augenblicklich ein.

Aber was sollte ich tun? Ich liebte meine Arbeit, hatte mit Bärchen und Veronica die besten Kolleginnen, die ich mir vorstellen konnte. Ich war Mitbegründerin einer eigenen Firma – auch wenn ich noch nicht offiziell daran beteiligt war. Und ich liebte den Mann, der mir das Leben manchmal so schwer machte.

Ich grübelte den ganzen Tag vor mich hin, kam aber zu keinem Ergebnis. Sollte ich mich von Michael trennen? Was würde dann aus dem Geschäft werden? Und wäre das nicht viel zu voreilig? Alles hinwerfen, nur weil ich dieses Wochenende so enttäuscht worden war? Das konnte es doch nicht sein. Meine Gefühle für ihn waren noch immer sehr stark. Schließlich hatte er ja auch so viele wunderbare Seiten, auch wenn es ihm häufig gelang, sie zu verbergen.

Ich beschloss, dass es zu früh sei, eine Entscheidung zu treffen, die ich vielleicht noch bereuen würde. Jeder hatte eine zweite Chance verdient. Und wahrscheinlich war ich einfach überreizt, und nach der Enttäuschung vom Wochenende war meine Wahrnehmung getrübt. Bestimmt würde sich alles wieder geben, sprach ich mir selbst Mut zu. Jetzt nur nicht zu schwarz sehen, alles wird gut!

Kapitel 14

Als ich am nächsten Morgen das Büro betrat, konnte man mir die Spuren des vergangenen Tages noch deutlich ansehen. Mein Gesicht war bleich und meine Augen vom vielen Weinen noch ganz verquollen. Aber ich wollte mir nichts anmerken lassen, schließlich wäre das den Klienten gegenüber unprofessionell gewesen. Also setzte ich mein strahlendstes Lächeln auf.

Mein erster Termin an diesem Montag war Juliane Weißhaupt. Ich war ihr nach unserer neuen Vermittlungsstrategie als persönlicher Berater zugeteilt worden.

Sie hatte sich bei uns gemeldet, weil sie auf der Suche nach einem neuen Lebenspartner war. Sie hatte in der Vergangenheit zunehmend Schwierigkeiten gehabt, interessante Männer kennenzulernen, und hatte deshalb beschlossen, professionelle Hilfe anzunehmen. Nach unserem ersten kurzen Telefonat war es mir unausweichlich erschienen, ein längeres Gespräch mit ihr zu führen. Also hatten wir für diesen Tag ein Treffen in der Agentur verabredet.

Sie erschien pünktlich und beeindruckte mich gleich durch ihr sympathisches und ausgesprochen attraktives Äußeres. Sie war 48 Jahre alt und von zierlicher Statur. Ihre langen, dunkelbraunen und sehr gepflegten Haare trug sie offen, und das stand ihr hervorragend. Mein erster Eindruck von ihr war umwerfend, und ich war mir sicher, dass es kein Problem werden würde, sie zu vermitteln. Jedenfalls wenn man rein von ihrem Aussehen ausging. Tatsächlich würde die Sache nicht ganz so leicht werden, denn Juliane hatte eine harte Zeit hinter sich und einige bittere Erfahrungen machen müssen.

Sie war geschieden, lebte alleine in einer kleinen Wohnung und hörte nur noch ab und zu von ihren beiden erwachsenen Kindern, die ein sehr inniges Verhältnis zu ihrem Vater hatten. Es war einiges schiefgelaufen in ihrem Leben, und das vielleicht Tragischste daran war: Sie hatte sich alles selbst zuzuschreiben.

Nach dem Realschulabschluss hatte sie eine Ausbildung zur Steuergehilfin in einer Steuerkanzlei begonnen und dort Bernhard kennengelernt.

Bernhard war damals 28 Jahre alt und hatte gerade sein Jurastudium abgeschlossen. Da es sich um die Kanzlei seines betagten Onkels handelte, hatte es nahegelegen, dass er in die Firma einstieg. Er arbeitete hart, denn er plante eine steile Karriere als Anwalt und Steuerberater. Er war zielstrebig und effizient und kletterte bald auf der Karriereleiter nach oben. Juliane unterstützte ihn dabei nach Kräften, und es dauerte nicht lange, und er machte ihr einen Heiratsantrag. Die beiden wollten eine eigene Familie gründen.

An ihrem 21. Geburtstag fand die Hochzeit statt. Das Glück schien perfekt, als nach zwei Jahren eine Tochter und nach einem weiteren Jahr ein Sohn zur Welt kam. Von da an lebten sie ein perfektes Bilderbuchleben: er erfolgreich im Beruf, sie glückliche Mutter und liebevolle Ehefrau. Das Bankkonto füllte sich mit der Zeit, und die Familie war frei von finanziellen Sorgen. Sie bauten ein schönes Haus in einem guten Stadtviertel, wurden Mitglied im Tennisclub und fuhren mehrmals im Jahr in den Urlaub. Mit den Kindern gab es niemals Probleme, sie wuchsen heran und machten ihren Eltern Freude.

Auch zwischen den Eheleuten stand es zum Besten: Bernhard begehrte und vergötterte seine Juliane und gab sich alle Mühe, neben seinem anstrengenden Beruf und den langen Abenden in der Kanzlei ein aufmerksamer und liebevoller Ehemann zu sein.

Was Juliane von ihrem Leben mit Bernhard erzählte, konnte einen direkt neidisch machen. Ein Leben wie im Märchen, eigentlich zu perfekt, um wahr zu sein. Ich konnte mir nicht im Geringsten vorstellen, wodurch dieses Glück zerstört werden konnte. War es die junge, attraktive Sekretärin, die Bernhard für sich erobern wollte oder sonst eine jugendliche Geliebte, die sich von ihm angezogen fühlte? Weit gefehlt! Es war Juliane selbst, die beschloss, dem Glück ein Ende zu bereiten.

Alles begann mit einem Selbstfindungsseminar. Dort begann Juliane, auf einmal alles in Frage zu stellen. »›Wer bin ich eigentlich?‹, fragte ich mich damals. Eigentlich nichts anderes als eine Hausfrau mit Berufsabschluss. Für wen habe ich bis jetzt existiert? Solche Fragen hatte ich mir vorher noch nie gestellt, aber jetzt drängten sie sich mir auf«, erklärte sie. »Die Dinge, die mich umgaben, hatte Bernhard erwirtschaftet. Bernhard, der treue, fleißige, zuverlässige, hilfsbereite Ehemann, der einmal die Woche mit mir ins Bett ging.«

Andere Frauen aus den Kursen, die sie besuchte, berichteten von stürmischen und explosiven Liebesnächten mit Supermännern, von Ausschweifungen und Ekstase, von Stunden voller Exotik, Leidenschaft und Freiheit. Juliane wollte das auch erleben und versuchte es mit einem Liebhaber.

Über eine ihrer neuen Bekannten lernte sie Manfred kennen, einen Handelsvertreter, der regelmäßig nach Düsseldorf kam. Mit ihm konnte sie ihr neues Lebensgefühl nach

Herzenslaune ausleben: Sie kaufte sich ein eigenes Auto für gemeinsame Ausflüge. Wenn sie sich nicht mit Frank traf, verbrachte sie ihre Zeit mit ihren Freundinnen oder in Wellness-Centern. Sie dachte ausschließlich nur noch an sich und genoss ihr sorgenloses Dasein.

Bernhard bemerkte die Veränderungen natürlich bald, und er war besorgt. Es fiel ihm auf, dass sie viel Geld ausgab, aber die Art und Weise, wie sie sich immer mehr veränderte, störte ihn noch mehr. Auch die neuen Freundinnen, die regelmäßig zu Besuch in der Villa waren, gefielen ihm nicht. Sie waren laut und schrill und hatten für seinen Geschmack keinen guten Einfluss auf Juliane.

Er suchte nach den Ursachen für Julianes Wandlung. Ohne Ergebnis. Er wollte mit ihr reden, aber sie sagte: »Nein, es ist zu spät.« Er machte ihr Geschenke. »Die brauche ich nicht von dir«, wies sie ihn zurück. Er beteuerte seine Liebe und schwor ihr ewige Treue. »Ich brauche meine Freiheit«, war ihre Antwort.

Und die bekam sie dann bald. Bernhard gab nach unzähligen Anläufen auf und reichte die Scheidung ein. Er hatte alles versucht, um Juliane zur Vernunft zu bringen, aber sie hatte ihre Ehe und alles, was sie sich über die Jahre gemeinsam aufgebaut hatten, einfach so weggeworfen.

Juliane zeigte sich von der Trennung gänzlich unbeeindruckt. Zu diesem Zeitpunkt war sie noch immer damit beschäftigt, sich selbst zu finden. Um Bernhard zu zeigen, dass sie ihn nicht mehr brauchte, verzichtete sie auf ihren Anteil am gemeinsamen Haus. Eine Stadtwohnung reichte ihr. Auch die Unterhaltszahlungen lagen im Standardbereich. Sie wollte es so. Sie hatte nun ein anderes Leben begonnen und wollte ihre neugewonnene Freiheit genießen.

Doch es kam anders: Ihre neuen Freundinnen ließen sich

in der Wohnung nicht blicken, sie war ihnen zu klein, und sie konnten nicht verstehen, wie Juliane auf ihren Anteil am Haus verzichten konnte. Auch Frank war nicht begeistert. Sie hatte ihr Auto verkauft, und er fürchtete, dass Juliane nun, nachdem sie von Bernhard getrennt war, ernsthaftere Ansprüche an ihre Beziehung stellte. Er ließ sich für ein anderes Gebiet einteilen und teilte Juliane mit, dass er künftig nicht mehr in ihrer Nähe sei.

Juliane akzeptierte es und fühlte sich noch immer befreit. Aber mit der Zeit wurde es ihr doch ein bisschen einsam. Die Kinder hatten sich von ihr distanziert und reduzierten den Kontakt zu ihrer Mutter auf das Nötigste. Und Juliane stellte bald fest, dass sie pleite war. Sie musste sich dringend einen Job suchen, vom Unterhalt, den Bernhard ihr zahlte, konnte sie geradeso die Miete bezahlen.

Eines Tages kam sie an einem Modegeschäft vorbei, in dem sie während ihrer Ehe mit Bernhard selbst häufig eingekauft hatte. Im Schaufenster las sie auf einem Zettel, dass die Besitzerin eine Verkäuferin suchte. Sie bekam den Job, aber das Stirnrunzeln ihrer neuen Chefin war ihr nicht entgangen.

Als sie abends alleine am Küchentisch saß, zog sie Bilanz, und die war ernüchternd: Ihr wurde bewusst, dass ihr Leben viel mehr gewesen war als das einer armen reichen Hausfrau mit Berufsausbildung.

Sie hatte eine wunderbare Familie gehabt, zwei gesunde, begabte Kinder, einen Mann, der zu ihr hielt und mit dem sie durch dick und dünn gegangen war. Wie hatte sie nur auf den Gedanken kommen können, dass Ehe, Kinder und Familie kein Beruf waren? Bernhard hatte ihr immer wieder bestätigt, dass er ohne sie niemals so erfolgreich geworden wäre und dass sie einen entscheidenden Anteil an allem, was sie erreicht hatten, gehabt hatte. »Ich verdanke dir alles«, hatte er häufig zu ihr gesagt.

Und sie hatte alles aufgegeben.

Nun, da sie allein war, wurde ihr bewusst, was sie verloren hatte – den Mann, der sie liebte, die Kinder, die sie brauchten, die Familie, die ihr Rückhalt gab und durch nichts zu ersetzen war. Jetzt sah sie ein, was für einen fatalen Fehler sie gemacht hatte, und sie bereute ihn zutiefst. Selbstverständlich dachte sie daran, zu ihm zurückzukehren. Doch das war ausgeschlossen. Bernhard hatte schnell eine andere Frau kennengelernt, die jetzt bei ihm wohnte.

Übrigens, Männer sind sehr ungern allein, besonders wenn sie aus funktionierenden Beziehungen kommen. Sie binden sich schnell wieder und wählen instinktiv den richtigen Typ Frau aus.

Diese Erkenntnis war wichtig für mich. Sehr wichtig. Hier musste ich ansetzen bei der Auswahl von potentiellen Partnern für Juliane. Ich durfte auf gar keinen Fall einen ähnlichen Mann wie Bernhard suchen, und das erklärte ich ihr an diesem Morgen bei unserem Treffen in der Agentur.

Im Anschluss daran machte ich mich sofort auf die Suche nach einem neuen Partner für Juliane.

Mir fiel Theo ein, ein extrovertierter Rechtsanwalt, 52 Jahre alt, der ebenfalls leidvolle Eheerfahrungen gemacht hatte. Nach einer zehnjährigen Beziehung mit einer, wie er es nannte, »überspannten und materiell ausgerichteten« Musiklehrerin war er frisch geschieden und auf der Suche nach einer Frau, mit der er sich ein gemeinsames Nest aufbauen konnte.

Genau das suchte auch Juliane wieder. Sie hatte zwei erwachsene Kinder, er keine. Er hoffte, die zehn »verlorenen« Jahre seiner Ehe nachholen zu können und endlich anzukommen. Sie hatte das alles hinter sich und wünschte sich ihr geborgenes Nest zurück.

Das Alter stimmte, die jeweiligen Ansprüche an das Leben auch, das Aussehen stimmte, irgendetwas jedoch war falsch.

Manchmal sprechen die äußeren Fakten eine eindeutige Sprache, aber mein Bauchgefühl sagt mir, dass diese zwei Personen nicht zusammengehören. Ich bin immer gut damit gefahren, auf dieses Gefühl zu vertrauen, und deshalb tat ich es auch dieses Mal.

Ich sah mir die anderen männlichen Kandidaten in unserer Kartei an, die mir persönlich bekannt waren.

Ulrich, 45, verwitweter Privatdozent an der Uni Bochum mit einem Kind, das im Internat untergebracht war. Ja, die beiden könnten passen, oder? Beide hatten ein schmerzvolles Beziehungsende hinter sich. Beide hatten Kinder, die aus dem Haus waren, ihre Lebensentwürfe stimmten überein, und der Wunsch nach einer Bindung war auf beiden Seiten sehr groß. Doch noch ehe ich diesen Gedanken weiterspinnen konnte, fiel mir Gert-Peter ein. Er war 49 Jahre alt, geschieden mit drei Kindern, die bei der Mutter lebten. Er war Konzertgeiger beim Philharmonic Orchestra of the Nations in Düsseldorf. Auch er hatte seine Erfahrungen mit dem Thema Untreue gemacht: Er hatte seiner Frau und einem gemeinsamen Freund vorgeworfen, dass sie ihn hintergingen und sich in diese Idee hineingesteigert. Es ging sogar so weit, dass er bei der Ehefrau des Freundes auftauchte und ihr von seinem Verdacht erzählte: »Hedda trinkt auf einmal Apfelwein, früher hätte sie das Zeug nie angerührt, zum Konzert trägt sie nun einen tiefen Ausschnitt, das hat sie vorher nie getan, plötzlich hört sie Jazz und will Urlaub auf Mallorca machen, wo ihr ein Haus habt, und beim Friseur war sie auch …«

Es stellte sich heraus, dass seine Frau Hedda die beste Freundin von Jutta war, der Ehefrau des Freundes. Hedda war ständig bei Jutta zu Besuch gewesen und nicht bei deren Mann. Das Verhältnis, das Gert-Peter vermutete, gab es nicht. Als die Wahrheit ans Licht kam, war Gert-Peter blamiert. Und er war ruiniert. Hedda verzieh ihm nicht, dass er sogar versucht hatte, die Kinder gegen sie aufzuhetzen. Es kam zur Trennung.

Ja, Juliane und Gert-Peter hatten beide große Fehler gemacht, unter deren Folgen sie noch immer litten. Sie hatten beide ihr Leben zerstört und suchten nun nach einem Neuanfang. Ihre Situationen waren identisch, also beschloss ich, Juliane mit Gert-Peter bekannt zu machen. Noch am selben Tag rief ich sie an und schlug ihr eine Verabredung mit ihm vor. Sie war einverstanden.

Einige Tage später rief sie mich an und erzählte mir, dass es ihr zwar gut gefallen habe. »Gefunkt« hatte es jedoch nicht. Also setzte ich die Suche fort und schlug ihr die anderen Kandidaten vor, die ich allerdings nicht ganz so passend fand wie Gert-Peter.

Juliane verabredete sich mit einem nach dem anderen. Theo und sie fanden einander von der ersten Minute an anziehend, hatten aber, wie erwartet, kein gemeinsames Konzept. Mit Ulrich war es ihr zu langweilig, mit zwei anderen Kandidaten zu stressig.

Zwei Wochen nach unserem Treffen rief sie mich erneut an. Sie erzählte mir, dass sie immer noch auf den ganz großen Knall wartete, auf die Liebe auf den ersten Blick. Ich redete ihr ins Gewissen und führte ihr einmal mehr vor Augen, dass sie nach ihrer leidvollen Erfahrung doch eigentlich auf der Suche war nach Ruhe und Beständigkeit.

Da dachte sie an das Gespräch mit Gert-Peter zurück.

»Er hat mich verstanden und mir Verständnis entgegengebracht«, erzählte sie mir. Ich riet ihr, sich ein zweites Mal mit ihm zu verabreden. Und tatsächlich: Im zweiten Anlauf klappte es – die beiden wurden ein Paar.

Ein paar Tage später erhielt ich eine Karte von ihr. Sie bedankte sich, dass ich ihr ins Gewissen geredet hatte und versprach, ihr neues Glück nun ganz fest zu halten.

Kapitel 15

Ich freute mich aufrichtig für Juliane und ihr neues Liebesglück. Ich war mir sicher, dass sie nie wieder eine glückliche Beziehung einfach so wegwerfen würde.

Unwillkürlich musste ich an meine eigene Situation denken. Würde ich es auch bereuen, wenn ich meine Beziehung beendete?

Ich kam nicht dazu, diesen Gedanken zu Ende zu denken, denn auf einmal flog die Tür auf, und Veronica stürzte völlig aufgelöst herein. Sie wirkte verzweifelt und aufgedreht. Ihr Lippenstift war verwischt, und ihren roten Lieblingsmantel warf sie achtlos in die Ecke. Ich kannte sie mittlerweile gut genug, um sie in diesem Zustand nicht mit Fragen zu bedrängen. Sie kramte ihre Zigarillos heraus und zündete sich einen an.

»Guten Morgen«, sagte sie. »Sind wir alleine oder ist sonst noch wer im Büro?«

Es war Montagmorgen, und außer uns beiden war niemand anwesend. Bärchen hatte Berufsschule, und Michael hatte mir eine Nachricht hinterlassen, dass er es bevorzugte, heute nicht zu erscheinen.

Sie legte ihre Füße auf den Schreibtisch, lehnte sich zurück und starrte aus dem Fenster. Sie war nicht gut drauf. Es war lange her, dass ich Veronica so angespannt und bedrückt gesehen hatte. Ich musste mich zurückhalten und tat, als sei ich beschäftigt. Dabei platzte ich fast vor Neugier.

»Alexander kam am Freitag von einer Ausstellung in London zurück«, begann sie auf einmal zu erzählen. »Er meldete sich direkt nach seiner Landung vom Flughafen. Ich dachte, mich zerreißt es vor Freude. Ich konnte es kaum abwarten, ihn endlich zu sehen und dachte, ich müsste mich gleich auflösen vor Glück.«

Das war typisch Veronica. Einerseits freute ich mich für sie, dass sie wieder so tiefe Gefühle für jemanden haben konnte, andererseits wusste ich, dass sie nicht in der Lage war, Alexander diese mitzuteilen. Irgendwie war sie gefangen in sich selbst. Sie sah mich traurig an und fuhr fort: »Ich bin zum Flughafen gefahren, um ihn dort abzuholen. Es war alles so unwirklich: Als ich ihn da in der Halle sah, wirkte er, als sei er einem Gemälde entsprungen. Er sah hinreißend aus. Die Frauen, die an ihm vorbeigingen, warfen ihm Blicke zu, aber ich war die Glückliche, die er erwartete. Es war ein unbeschreibliches Gefühl.

Wir beschlossen, an die Rheinterrassen zu fahren, um dort einen langen Spaziergang zu machen. Dabei erzählte er mir von der Ausstellung. Während er sprach, betrachtete ich seine braunen Locken, sein Lachen und war so unglaublich verliebt. Nach dem Spaziergang fuhren wir zu mir und feierten dort ein stürmisches Wiedersehen.«

Sie lächelte kurz verschmitzt, doch dann wurde ihr Blick wieder traurig.

»Kurz danach, wir lagen noch gemütlich aneinandergekuschelt, klingelte sein Handy. Er sah mich zärtlich an, wandte aber dann seinen Blick ab. Ins Telefon sagte er: ›Bin gleich da‹, dann legte er auf und küsste mich. Er sagte, dass er kurz wegmüsse, und versprach, so schnell wie möglich wiederzukommen. Er kam aber nicht. Kannst du dir das erklären?«, fragte sie und sah mich mit großen Augen an.

Nein, das verstand ich auch nicht. Was konnte denn nur passiert sein, dass er so plötzlich wegmusste?

Sie sah mich verzweifelt an, dann fuhr sie fort: »Das Ganze ging noch weiter. Am Samstag stand er auf einmal vor meiner Tür und schlug vor, einen Abstecher in eine moderne Galerie in einer ehemaligen Zeche in Bochum zu machen. Ich war verunsichert, dachte aber, dass er mir sein plötzliches Verschwinden am Vorabend bestimmt noch erklären würde. Also ging ich mit. Ein paar Stunden später standen wir vor einem Gemälde, das so groß war wie eine Wand. Es sah irre aus, und Alexander fing gerade an, mir etwas über die Künstlerin und die Komposition zu erklären, als wieder ein Anruf kam.

Er hörte kurz zu, antwortete dann: ›Bis gleich‹ und sagte zu mir, dass er einen dringenden geschäftlichen Termin in Düsseldorf habe. Wir brausten zurück, und er setzte mich mit dem Versprechen, in drei Stunden wieder da zu sein, vor meiner Wohnung ab.

Diesmal hielt er sein Wort. Doch als er zurückkam, verlor er kein Wort der Entschuldigung, sondern spielte den Charmeur. Er machte mir Komplimente und gab mir einmal mehr das Gefühl, die begehrenswerteste Frau zu sein, die er sich vorstellen konnte. Ich war Wachs in seinen Händen, unfähig, ihn zur Rede zu stellen. Und wenn ich ehrlich bin, vielleicht wollte ich es auch gar nicht wissen, sondern endlich nur mein Glück genießen. Noch nie habe ich einen Partner wie ihn gehabt. Ich kann noch nicht mal den Gedanken ertragen, dass ich ihn verlieren könnte.«

Sie rang nach Luft, und ich strengte mich an, nach einer Erklärung für das merkwürdige Verhalten von Alexander zu suchen. »Er ist Künstler. Künstler sind sensibel und manchmal unorganisiert. Ihre Kunst steht über allem. Er hat wahrscheinlich wichtige Termine vertrödelt – Termine, die notwendig sind, damit er mit seiner Kunst Geld verdienen kann. Das ist ihm peinlich, und er will es vor dir verbergen, deshalb verliert er kein Wort darüber. Er geht dann einfach, vielleicht zu einer Privat-Vernissage bei einem Multimillionär oder so.

Veronica, mach dir nicht so viele Gedanken! Es liegt bestimmt nicht an dir. Er geht doch nicht aus Langeweile oder weil ihr gestritten habt, nein, da gibt es bestimmt einen geschäftlichen Grund – oder eine steinreiche Erbtante, die ihn ordentlich auf Trab hält und ihn piesackt.« Ich versuchte, witzig zu sein, um sie aufzuheitern. »Ich bin mir sicher, er liebt dich.«

»Das war noch nicht alles, Maria! Am Sonntag passierte dasselbe noch mal. Ich war völlig fertig, sah schon Gespenster, glaubte an eine Verschwörung oder sonst was. Als er zurückkam, stellte ich ihn zur Rede. Ich wollte die Wahrheit, und zwar jetzt und sofort oder es wäre vorbei mit uns. Ich war auf alles gefasst, auf halbherzige Ausreden und Versprechungen, auf Eifersuchtsszenen und Streit.« Sie schwieg und sah traurig aus dem Fenster. »Aber es kam viel schlimmer.« Die anschließende Pause fühlte sich unerträglich lang an.

»Du wirst es nicht glauben«, sie holte tief Luft und stammelte: »Alexander ist ein Callboy. Er arbeitet, wenn er nicht bei mir ist.«

Mir verschlug es die Sprache. Das war tatsächlich unglaublich. Niemals hätte ich das für möglich gehalten. Sie hatte ihn mir einmal kurz vorgestellt, und ich wäre nie im Leben auf die Idee gekommen, dass er noch etwas anderes sein konnte als ein Künstler. Er war in der Tat unglaublich charismatisch, wirkte so vertrauensvoll, charmant und romantisch – ein echter Traummann. Aber das war wohl auch die Voraussetzung, um in dieser Branche zu arbeiten. Frauen waren sicher sehr anspruchsvoll bei der Auswahl eines Callboys.

Veronica weinte. So verzweifelt und verletzt hatte ich sie noch nie gesehen.

»Ich kann es einfach nicht glauben. Nie hätte ich gedacht, jemals wieder solche Gefühle für einen Mann haben zu können. Und jetzt das. Ein Callboy, ich fasse es nicht!«

Ich saß da und wusste nicht weiter. Da hatte ich mächtig daneben getippt, oder vielleicht auch nicht. Es war tatsächlich etwas Geschäftliches gewesen, nur eine andere Art von Geschäft eben.

Veronica ließ sich nicht beruhigen. »Da arbeite ich jetzt seit Jahren für eine Partnervermittlung, höre täglich die verrücktesten Geschichten über Männer. Hundertmal habe ich mir schon gedacht, meine Güte, sind Frauen blöd. Fallen auf jeden Typen herein, der sich nur ein kleines bisschen Mühe gibt. Und jetzt passiert mir genau dasselbe!«

Zornig sah sie mich an, dann ging sie an den Kühlschrank und holte eine Sektflasche heraus. Eigentlich war der nur für unsere Wir-haben-uns-durch-Sie-gefunden-Feiern mit glücklichen Klienten vorgesehen. Sie ließ den Korken knallen und schenkte uns beiden jeweils ein Glas ein.

»Als ob ich nicht schon genug groteske Männer gehabt hätte. Eigentlich lässt sich das nicht mehr steigern. Dachte ich jedenfalls.« Sie machte eine Pause und nahm einen großen Schluck. »Ich werde Alexander trotzdem nicht verlassen«, sagte sie trotzig. »Ich liebe ihn. Die anderen Frauen sind keine Konkurrentinnen. Das sind Klientinnen, Geschäftspartner«, erklärte sie und zeigte sich auch allen moralischen Einwänden gegenüber unbeeindruckt. »Ich werde mir diese

Liebe nicht wieder zerstören lassen. Meine Gefühle für ihn sind nun mal so, wie sie sind. Die Liebe ist größer als das.«

Ich bewunderte Veronica für ihre Entscheidung, gleichzeitig machte ich mir Sorgen um sie. Das war doch keine Grundlage für eine funktionierende Partnerschaft. Wie lange würde sie es an der Seite eines professionellen Callboys aushalten?

Immerhin, sie hatte sich entschieden. Obwohl sie von Alexander bitter enttäuscht worden war, hatte sie beschlossen, es weiter mit ihm zu versuchen und ihm treu zu bleiben.

Ich dachte an meine eigene Beziehung. Auch ich lebte weiter mit Michael, nicht besonders glücklich, aber ich hielt an ihm fest. Und doch, hatte ich nicht einen gewissen Leidensdruck?

Es hatte sich nichts verändert in unserem Leben, es plätscherte vor sich hin, und jeden Tag blätterte ein wenig mehr Farbe von der vorher schillernden Glücksfarbe ab. Warum behauptete ich weiterhin, diesen Mann zu lieben?

Kapitel 16

Am Mittag war ich mit Steffi verabredet. Endlich mal wieder. In den vergangenen Monaten war der Kontakt beinahe abgerissen. Ich hatte vor lauter Arbeit keine Zeit für ein Treffen mit ihr gefunden und sie sträflich vernachlässigt. Als wir uns gegenüberstanden, fiel die Begrüßung ziemlich kühl aus.

»Na, wie geht's?«, fragte sie mich höflich.

»Danke, prima. Und dir?« Wir standen einander gegenüber wie alte Banknachbarn beim Klassentreffen, vertraut und doch gleichzeitig fremd.

»So geht das nicht, Steffi«, sagte ich schließlich. »Es tut mir leid, ich hätte mich bei dir melden sollen, ich weiß. Es ist einfach so viel passiert in letzter Zeit. Ich verspreche dir, dass ich dich nie wieder so links liegen lassen werde. Wirklich.«

»Maria, ich hatte dich schon innerlich in die Wüste geschickt. Springt man so mit einer guten Freundin um?« Sie sah mich sehr streng an und schmollte. »Na gut, wenn du es ernst meinst und mir sofort alles erzählst, was in deinem neuen Leben passiert ist, dann vergebe ich dir. Und tu das nie wieder!« Jetzt lächelte sie und sah mich neugierig an. »Los, erzähl schon! Wie geht es einer erfolgreichen Geschäftsfrau und Lebensgefährtin eines vermögenden Unternehmers? Warum wohnst du eigentlich immer noch in deiner kleinen Wohnung? Findest du nicht, dass ihr mal langsam zusammenziehen solltet?«

Mit diesen Fragen streute sie gleich Salz in meine Wunden. Ich fühlte mich nicht wohl und überlegte, wie ich meine Situation rechtfertigen sollte. Es fühlte sich nicht gut an. Steffi hatte eine positive Vorstellung von meinem Leben, und ich hätte ihr gerne eine rührende Liebesgeschichte mit Happy End erzählt, inklusive dem Erfolgsmärchen vom beruflichen Aufstieg. Das hatte mit der Realität allerdings nicht viel zu tun.

Ich versuchte, ein wenig herumzudrucksen und erzählte ihr, wie gut das Geschäft lief. Das stimmte ja auch. Aber Steffi kannte mich zu lange und zu gut, um sich etwas von mir vormachen zu lassen. Sie spürte, dass etwas nicht in Ordnung war und hakte nach: »Maria, so kenne ich dich ja gar nicht. So ernst und niedergeschlagen. Stimmt etwas nicht?«

Ich fühlte mich beklommen und hatte das Gefühl, ihr etwas beichten zu müssen. Aber irgendwie hatte ich auch das Bedürfnis, ihr die Wahrheit zu erzählen.

»Ich bin immer noch nicht Teilhaberin und kann nicht einmal behaupten, dass Michael und ich eine gute Beziehung führen«, rückte ich schließlich mit der Sprache raus. »Eigentlich weiß ich überhaupt nicht, was das alles ist. Er weicht mir aus, wenn ich ihn frage, wann er mich endlich beteiligen wird. Und immer, wenn er merkt, dass ich mich aus unserer Beziehung lösen möchte, entwickelt er eine ungeahnte Energie. So dreht er mich prompt um, und wir machen weiter wie gehabt. Er redet von Liebe, und ich glaube ihm einfach. Mit dem Resultat, dass es Tag für Tag so weitergeht.«

Steffi sah mich ernst an. Ihre Mundwinkel waren nach unten gezogen, die Stirn kräuselte sich. »Merkst du nicht, dass du dich beruflich und privat von ihm abhängig gemacht hast? Es gibt nur noch zwei Dinge in deinem Leben: Michael und euer Geschäft, von dem du glaubst, es sei zur Hälfte deins. Aber du traust dich noch nicht einmal, ihn endlich festzunageln, dass er dich beteiligt.« Steffi war schon immer sehr energisch und pragmatisch gewesen. Sie nannte die Dinge beim Namen. »Geh am besten noch heute Abend zu ihm und setze ihm die Pistole auf die Brust. Du musst so schnell wie möglich, wenn es geht morgen, gleichberechtigte Geschäftsführerin werden. Und dann solltest du eure Beziehung klären. Wo steht ihr? Wie geht es weiter? Jeder in seiner Wohnung oder unter einem gemeinsamen Dach? Auf jeden Fall brauchst du dein eigenes Einkommen. Maria, du lebst ja wie im vorigen Jahrhundert, wie eine Abhängige. Das geht doch nicht.«

»Ja, glaubst du denn, er würde sich von mir ein Ultimatum stellen lassen? Er wird außer sich sein und herumtoben. Das muss ich schon diplomatischer angehen und einen guten Zeitpunkt wählen. So einfach geht das nicht«, antwortete ich genervt.

Ich bereute bereits, mich mit ihr getroffen zu haben. Mir war es nicht recht, so gedrängt zu werden. Tief im Innern war mir sehr wohl bewusst, dass ich mich von ihm abhängig gemacht hatte. Mir wurde schlecht bei diesem Gedanken. Mein Stolz war angekratzt, und ich schämte mich vor Steffi. Mit Veronica war das anders, sie erlebte mich jeden Tag, und ihr Blick war nicht so präzise wie Steffis. Das mochte auch daran liegen, dass sie Michael persönlich kannte.

Steffi spürte meinen Unmut. Sie sah mich skeptisch an und seufzte: »Ich hätte nicht gedacht, dass du schon so tief da drin steckst. Was ist denn aus deinen früheren Überzeugungen geworden? Warum wolltest du weg vom Lande in die Großstadt? Erinnerst du dich noch? Du wolltest unabhängig sein, niemals so früh heiraten wie deine Schulkameradinnen, und eine ›Ehe vom Lande‹ war dein Alptraum. Aber ist dein Verhältnis zu Michael jetzt besser? Findest du bei ihm die Freiheit, die du gesucht hast? Du wolltest raus, die Welt sehen. Wann hast du das letzte Mal im Flugzeug gesessen? Wann hast du das letzte Mal Zeit für deine Freundin gehabt? Und sag jetzt nicht schon wieder, du hättest von Michael so viel gelernt. Wenn es so wäre, dann säße ich jetzt einer Unternehmerin gegenüber, und die Sache mit dem egoistischen Michael wäre längst Geschichte.« Jetzt wurde sie sogar richtig wütend.

Je länger die Unterhaltung dauerte, umso mehr musste ich mir eingestehen, dass sie recht hatte. Was hatte ich denn erreicht? Was war aus meinen Träumen geworden, die ich als junges Mädchen gehabt hatte? Ich wollte die Welt erobern. Stattdessen saß ich rund um die Uhr in einem eleganten Büro, das mir nicht gehörte.

Es stimmte. Ich war handlungsunfähig, besaß kein Geld, hatte beruflich kaum Einfluss und durfte keine wichtigen Entscheidungen treffen. Ich befand mich in einer Sackgasse, und dort saß ich fest. Mein naiver Glaube an den Traummann hatte mich zu einer abhängigen Frau gemacht. Wo war sie, die romantische Liebe, von der ich schon als Kind geträumt hatte? Gab es sie in unserer Beziehung? Gingen Michael und ich liebevoll miteinander um? Kümmerte sich der eine um den anderen? Vertrauten wir uns?

Das Treffen mit Steffi tat mir gut, auch wenn sie mir schonungslos den Spiegel vorhielt. Aber das war ja auch ihre Aufgabe als Freundin. Am Ende gab ich ihr das feierliche Versprechen, dass ich mit Michael reden würde.

Als ich etwas später nach Hause kam, stand Michael vor meiner Tür. Er habe plötzlich Sehnsucht nach mir verspürt, sagte er. Das hatte es noch nie gegeben. Sein Instinkt hatte ihn nicht getäuscht, er musste geahnt haben, dass ich mich von ihm entfernen könnte. Offenbar war er misstrauisch geworden, als ich ihm mittags von meiner Verabredung mit Steffi erzählt hatte.

Oder war es reiner Zufall? Hatte er wirklich Sehnsucht? Vielleicht war auch ihm bewusst geworden, dass sich alles ändern musste. Mir wurde warm ums Herz. Er liebte mich also doch! In dieser Nacht kuschelte ich mich ganz eng an ihn und war mir sicher, genau das Richtige zu tun.

In den nächsten Wochen dachte ich viel über uns Frauen nach. Eigentlich hatte ich nach dem Gespräch mit Steffi beschlossen, mit Michael ein Grundsatzgespräch zu führen. Ich hatte es ihr ja sogar versprochen. Ich wollte ihn zur Rede stellen. Über alles: Geschäft, Privatleben, unsere Zukunft – gemeinsam oder getrennt. Im Grunde war ich sogar wild entschlossen, es zu tun. Ich wollte ihm alles an den Kopf werfen – nicht sehr diplomatisch – und den Ring erst verlassen, wenn alles geklärt war. Wenn ich zur zweiten Geschäftsführerin ernannt worden war.

Doch was wäre, wenn er sich darauf nicht einlassen würde?

Ich musste mir eine ordentliche Strategie ausdenken und gute Argumente parat halten. Ihm mit Trennung drohen, beruflich und privat. Aber was dann? Dann stünde ich da, ohne Job, ohne Geld, und ich hatte überhaupt keine Rücklagen. Mein »Kapital« steckte in diesem Geschäft, in »unserer« Agentur.

Ich beschloss, nicht anzutreten. Erst mal nicht. Ich war einfach noch nicht so weit, alles hinzuwerfen.

Ich packte gerade meine Sachen ein, als Michael noch einmal ins Büro kam, mich in den Arm nahm und sagte: »Ich würde gerne nachher mit dir essen gehen, mein Schatz. Hast du Lust auf mich Vagabunden?«

Natürlich schmolz ich wieder dahin, und alles war gut. Mein Gott, waren wir Frauen einfach strukturiert!

Kapitel 17

Abgesehen von der privaten Situation war ich trotz der vielen Arbeit relativ zufrieden. Das Geschäft lief hervorragend. Wir hatten eine phantastische Klientel, und mittlerweile kamen die ersten Kunden auf Empfehlung. Ich war mir sicher, dass es nicht mehr lange dauern würde, bis ich mich in diese Firma »eingekauft« hatte.

Eines Morgens sah ich Michael in seinem Büro einen großen Stapel Briefe sortieren. Es waren Bewerbungsschreiben. Ich war ziemlich überrascht, denn er hatte nicht mit mir darüber gesprochen, dass er plante, neue Mitarbeiter einzustellen.

»Warum hast du mich nicht gefragt, ob wir tatsächlich noch jemanden brauchen? Veronica und ich schaffen die Termine gut«, empörte ich mich.

Ich war richtig sauer. Er hatte mich nicht nach meiner Meinung gefragt. Auch wenn ich noch nicht offiziell beteiligt war, wir hatten diese Agentur zusammen gegründet. Seit mittlerweile einem Jahr brachte ich meine Erfahrung und mein Know-how ein. Ich hatte doch ein Mitspracherecht! Dachte ich zumindest.

»Ihr habt wirklich viel zu tun. Deshalb dachte ich, ob es nicht sinnvoll wäre, wenn ihr mehr Kundengespräche in unseren eigenen Räumen führen würdet. Das ist effizienter, und du bist nicht so oft weg. Für die Termine auswärts habe ich mir deshalb überlegt, eine neue Mitarbeiterin einzustellen. Um euch zu entlasten«, erklärte er mir unschuldig.

Natürlich hatte er recht damit, dass Veronica und ich mehr als ausgelastet waren. Dennoch hielt ich es für falsch, Kunden in erster Linie bei uns in der Agentur zu empfangen. Eine seriöse und kompetente Partnervermittlung muss gerade in die Häuser und Wohnungen der Klienten gehen. Nur dort können wir die Menschen richtig kennenlernen, ihre Umgebung sehen, sie einordnen und verstehen.

Der häusliche Hintergrund verrät sehr viel über eine Persönlichkeit und ihr Selbstbild. Fotogalerien geben Leidenschaften preis, zeigen uns, ob noch Altlasten vorhanden, Trennungen noch nicht verarbeitet sind. Die Ausstattung eines Balkons oder einer Terrasse geben Auskunft über Familie und Beziehungen. Das eine oder andere Mal hat ein Hausbesuch offenbart, dass ein potentieller Klient uns eine bestehende Ehe oder Partnerschaft verschwiegen hat. Es war nicht gründlich genug aufgeräumt gewesen, wir entdeckten die zweite Zahnbürste, das weitere Paar Rollerskates, den wollweißen Schal, das Haargummi am Fensterkreuz und noch andere winzige Dinge und wussten Bescheid.

Veronicas und meine Augen waren gut geschult. Diese Besuche schienen mir äußerst wichtig. Auch für die Kunden. Ich wollte keine Trennung zwischen Außendienst und Karteiarbeit, wie es bei der Agentur Rose der Fall gewesen war. Bei uns sollte so viel wie möglich aus einer kompetenten Hand kommen. Aber Michael war davon nicht zu überzeugen.

Nach sage und schreibe 28 Bewerbungsgesprächen – er war extrem anspruchsvoll, was Angestellte anbelangte – hatte er endlich eine neue Mitarbeiterin eingestellt: Frau Schalk. Ich konnte es nicht fassen, als ich sie zum ersten Mal sah. Sie entsprach in keinster Weise dem Bild, das man sich von einer Mitarbeiterin einer mittlerweile sehr exklusiven Partneragentur machen würde.

Das erste Mal sah ich sie aus der Vogelperspektive, als sie die Treppe heraufkam oder anders ausgedrückt: als sie sich die Treppe hinauf*wälzte*. Schnaufend kam sie im Büro an und ließ sich in den Sessel fallen. Ihr Äußeres war im wahrsten Sinne des Wortes atemberaubend: grüner Wollrock, lila Bluse, braune Stiefel, ausgewachsene Dauerwelle. Ich kredenzte ihr ungefragt ein Mineralwasser, weil ich mir Sorgen um ihren Kreislauf machte. Wie konnte Michael diese abenteuerlich aussehende Frau einstellen und auch noch ernsthaft in Erwägung ziehen, sie auf unsere Klienten loszulassen?

Nach einigen Minuten, die wir beide brauchten – sie, um Luft zu holen, ich, um mich zu fassen –, begrüßte sie mich. Herzlich, mit einer unglaublich lieben, sympathischen und Vertrauen erweckenden Stimme. Die Wirkung war frappierend. Nach fünf Minuten fand ich sie bezaubernd, nach zehn weiteren war ich begeistert, und nach einer halben Stunde fühlte ich mich in ihrer Gegenwart wohl und geborgen. Der Klang ihrer Stimme zog mich derart in den Bann, dass ich mich ihr anvertrauen wollte. Ich hätte ihr um ein Haar mein Herz ausgeschüttet, ihr erzählt von meinem privaten Unglück und meiner unerfüllten Liebe. Aber ich konnte mich gerade noch beherrschen.

Diese Frau Schalk weckte Gefühle in mir, die verborgen waren. Man wollte sich ihr anvertrauen, ihr folgen und in den Arm genommen werden. Mir wurde klar, warum Michael sie eingestellt hatte. Ob ihm das bewusst gewesen war? Oder hatte auch er dieser Stimme gelauscht?

Sie entwickelte sich rasant und war nach wenigen Tagen

der Star unserer Agentur. Ein echtes Phänomen. Kein Klient konnte ihr widerstehen. Sie brachte einen Vertragsabschluss nach dem anderen. Und nicht nur das. Nach ihren Hausbesuchen wurden ihr Blumen geschickt, Eintrittskarten für ausverkaufte Konzerte, Konfekt und Einladungen zum Essen ausgesprochen.

Veronica und ich kamen ins Grübeln. Was hatte sie, was wir nicht hatten? Sie war weder sexy noch aufreizend und verfügte, zumindest rein äußerlich, über nichts, das diese unglaubliche Reaktion erklärt hätte. Frauen waren genauso fasziniert wie Männer.

Auch Michael kam aus dem Schwärmen nicht mehr heraus und lobte sich selbst für sein geschicktes Händchen. Wie war das nur möglich, dass dieser Mann den richtigen Riecher an den Tag gelegt hatte? Er hatte doch wirklich wenig Sensibilität bewiesen in den vergangenen Monaten.

Ich erinnere mich noch gut an einen wunderschönen, sonnigen Morgen im Januar. Die Vögel zwitscherten ein fröhliches Liedchen, mich überkamen verfrühte Frühlingsgefühle, und mein Herz blühte auf. Endlich hatte ich wieder das Gefühl, dass es aufwärts ging nach den vergangenen Monaten des Grübelns. Ich war noch immer jung, erfolgreich in meinem Beruf und sehr optimistisch. Dieses Jahr würde absolut anders werden. Ich spürte meine große Lust auf Veränderungen.

Gut gelaunt betrat ich unser Büro und grüßte fröhlich in jedes Zimmer. Michael saß bereits zusammen mit Frau Schalk im Besprechungszimmer, als ich eintrat.

»Was denkst du dir dabei, einfach die Tür aufzureißen, ohne zu klopfen?«, polterte er ohne ein Wort der Begrüßung los.

Ich sah ihn ungläubig an. Wir hatten noch nie angeklopft, wenn wir im Büro unter uns waren.

»Jetzt schau nicht so verstört, und mach die Tür wieder zu. Ich bin mit Frau Schalk in einer wichtigen Besprechung. Wir entwickeln gerade neue Ideen, was unsere Vermittlungsstrategie betrifft«, sagte er kurz angebunden.

Noch während ich sprachlos im Flur stand, kam Bärchen mit einem Kaffee. »Nimm das nicht so tragisch«, tröstete sie mich. »Er ist heute verdammt schlecht drauf.«

Das interessierte mich jedoch nicht. Er saß da drin und besprach mit einer gerade eingestellten Mitarbeiterin die zukünftige Strategie unserer Agentur. Ohne mich zu diesem Gespräch einzuladen. Langsam verstand ich, welche Rolle er mir in unserer gemeinsamen Firma zugedacht hatte. Und mir wurde eins klar: Diese Rolle würde ich nicht spielen. Das Maß war voll, es reichte mir!

Ich war nicht länger wahnsinnig. Ich würde wieder den Teil meines Gehirns gebrauchen, der viel zu lange mit romantischen und phantastischen Hirngespinsten beschäftigt gewesen war.

Ohne anzuklopfen, riss ich erneut die Tür zum Besprechungszimmer auf. Michael sah mich wütend an. Noch bevor er etwas sagen konnte, legte ich ihm die Büroschlüssel auf den Tisch.

»Es reicht. Ich gehe. Und zwar für immer.«

Ich nahm noch seinen erstarrten Gesichtsausdruck wahr. Dann hörte ich ihn lachen.

»Also, Schatz, nimm dir einfach mal einen freien Tag, und beruhige dich wieder. Heute Abend hol ich dich zum Essen ab«, rief er belustigt hinter mir her. Er hatte den Ernst der Lage offenbar nicht erkannt.

Ganz anders als Bärchen, die einen verzweifelten Versuch

unternahm, mich zu beschwichtigen. Aber ohne Erfolg. Ich suchte meine persönlichen Gegenstände zusammen und verließ das Büro.

Draußen angekommen, nahm ich diesen wunderschönen Tag mit seinem tiefblauen Himmel und den fröhlich zwitschernden Vögeln erst richtig wahr und genoss die Atmosphäre. Das Leben war schön. Ich war frei. Warum in aller Welt liefen mir nur Tränen übers Gesicht?

Ich brauchte jetzt dringend eine Freundin und machte mich auf den Weg zu Steffi. Unterwegs überlegte ich, wann ich den Absprung verpasst hatte. Hätte ich nicht schon gleich zu Beginn sagen müssen: So geht das nicht, ich möchte ganz klare Regelungen. Mir fehlte der Mut dazu aus Angst, dass er sofort gegangen wäre. Obwohl, wäre das schlimm gewesen?

Ich hatte mich so lange selbst belogen und absichtlich darauf verzichtet, meine Wünsche klar zu formulieren. Auf einmal fühlte ich mich, als hätte ich mich die ganze Zeit selbst verleugnet und das Gespür dafür verloren, was mir guttat.

Ich musste an Antje Heitmann, eine meiner Klientinnen, denken, mit der ich mich vor einigen Wochen getroffen hatte. Merkwürdig, dass sie mir ausgerechnet jetzt in den Sinn kam, aber auf einmal fiel es mir wie Schuppen von den Augen, was mich von der ersten Sekunde an so sehr an dieser Frau fasziniert hatte.

Antje Heitmann war eine sehr attraktive Frau, 38 Jahre alt, geschieden und selbständige Seminarleiterin in der Kommunikationsbranche. Sie führte eine kleine Firma in der Düsseldorfer City. Als Erstes nahm mich ihr gewinnendes Lächeln ein, das offen und aufrichtig war. Das würde sicher jedem Mann gefallen, ebenso ihre makellose Figur, die geschmackvolle Garderobe – sie war eine Frau, die repräsentieren konnte. Nach ungefähr zwei Minuten Small Talk hatte sie mich begeistert mit ihrer Klugheit und ihrem Charme. Was für eine tolle Frau! Mir fielen auf einen Schlag zehn Kandidaten ein, die ich ihr vorstellen würde. Wir bestellten uns einen Kaffee, und ich befragte sie zu ihren Vorstellungen von ihrem zukünftigen Partner.

»Eigentlich ist das ganz einfach«, sagte sie. »Er sollte zwischen 35 und 50 Jahre alt sein, ohne Kinder, mit einem interessanten Beruf, finanziell abgesichert, schlank, und ich meine schlank, sportlich, ohne Haustiere und frei von Altlasten.«

»Also ein richtiger Traummann«, sagte ich.

»Ja, auf jeden Fall«, stimmte sie mir zu.

»Auf welche dieser Eigenschaften oder Wünsche würden Sie im Zweifelsfall verzichten können?«, fragte ich sie.

»Auf gar keinen.« Sie lächelte mich freundlich an.

Ich war ein wenig überrascht. Sie machte auf mich gar nicht den Eindruck einer eingefahrenen oder gar intoleranten Persönlichkeit.

»Stört es Sie, wenn ich rauche?«, versuchte ich einen kleinen Test mit ihr. Auf diese Frage reagieren Menschen sehr verschieden, meistens überwiegt der Impuls, nicht unhöflich zu wirken. In diesem Falle war die Reaktion eindeutig. »Ja«, erwiderte sie freundlich.

Sie sagte einfach nur »ja«. Ohne Entschuldigungen wie »Ich habe eine Allergie«, »Ich gewöhne mir gerade das Rauchen ab« oder »Mir brennen die Augen« oder Ähnlichem. Einfach nur »ja«. Ich war irritiert.

»Sind Sie immer so direkt?«, fragte ich sie.

»Ja, immer. Ich habe das Theater satt, das ganze Versteckspiel. Das ist etwas für die Pubertät oder für Menschen, die nicht erwachsen werden wollen. Es hält auf, vergeudet Zeit, Nerven und auch die Liebe. Außerdem haben mich die kleinen und großen Unwahrheiten oft an einen Punkt gebracht, wo ich Nachteile in Kauf nahm, nur um anderen zu gefallen.

Es fängt doch schon im Kleinen an. Der Partner sagt: ›Lass uns heute griechisch essen gehen. Das mag ich sehr. Du doch auch, oder?‹ Und was antwortet man dem anderen zuliebe? ›Ja gerne. Tolle Idee.‹ Und man verkneift sich zu sagen, dass einem griechisches Essen immer so schwer im Magen liegt. Dann stochert man auf dem Teller herum, behauptet, dass man sich nicht so wohl fühle, und was sagt er? ›Schatz, dann gehen wir nächste Woche noch mal hierher, wenn es dir wieder besser geht.‹ Schon aus diesem kleinen Dilemma kommen Sie nie wieder heraus.

Und so geht es doch immer weiter. Wenn zwei Partner überlegen, wo sie ihren Urlaub verbringen. ›Liebling, ich mag die Berge. Skifahren ist meine Leidenschaft. Komm, das machen wir!‹ Wenn man sich als Frau darauf einlässt, obwohl man Skifahren hasst, hat man mindestens einmal im Jahr das gleiche Problem.

An diesem Punkt stand ich häufig und habe beschlossen, das zu ändern. Kleine Kompromisse sind in Ordnung, wenn sie beim Namen genannt werden, größere lehne ich ab. Falls mein Partner zum Beispiel Segelfliegen als Hobby betreibt, dann soll er das alleine ausüben. Dann verbringt jeder einen großen Teil seiner Freizeit alleine. Das ist in Ordnung, wenn beide damit leben können. Mir wird es nie wieder passieren, dass ich aus falscher Rücksicht gegenüber einem Mann auf einem Mountainbike Berge hinunter donnern muss und dabei sterbe vor Angst.«

Während des Gesprächs mit Antje Heitmann entstanden

bei mir ernsthafte Bedenken, ob ich sie je vermitteln könnte. Ihr Verhalten entsprach nicht der Norm. Sie wirkte kompromisslos. Sie stellte für die Männer kein Rätsel dar. Sie entzog sich einem Spiel, dessen Regeln unausgesprochen blieben, weil man es nicht benennen kann.

Sie hatte Charme und konnte faszinieren, aber sie war eine Frau, die die Wahrheit aussprach und ihre Wünsche klar artikulierte. Und zwar mit dem ihr eigenen Selbstverständnis. Würde das bei Männern funktionieren?

Nachdem sie zwei Kandidaten kennengelernt hatte, wusste ich die Antwort: Beide Männer lagen ihr zu Füßen. Sie fühlten sich sicher bei ihr. Und mir wurde auch der Grund klar: Männer können mit deutlichen Ansagen sehr gut umgehen. Antje brauchte keine zweideutigen Hinweise, keinen Wink mit dem Zaunpfahl.

Wenn sie sagte »Das Restaurant gefällt mir«, dann stimmte das. Wenn sie sagte »Der Sex mit dir ist super«, meinte sie das auch so. Wenn sie sagte »Ich hätte gerne genau den Ring aus dem Schaufenster«, bekam sie das gewünschte Geschenk.

Nun, Antje selbst war nicht eben in Begeisterung ausgebrochen nach den ersten beiden Treffen, und ich strengte mich an, ihren Mr. Right ausfindig zu machen.

Und nach einem weiteren Fehlversuch fand ich ihn: Joachim, einer meiner sympathischsten Klienten, suchte seit geraumer Zeit eine Frau. Er war professioneller Bergsteiger, bezwang so manchen Achttausender und war viel unterwegs – in den Bergen weltweit und in Deutschland tourte er mit Lesereisen, Vorträgen und Fernsehauftritten.

Ein Mann mit sehr wenig Freizeit also, der aber an eines gewohnt war: klare Ansagen und keinerlei Spielchen in der Kommunikation. Joachim und Antje lebten beide eine Sachlichkeit, die sie brauchten. Sie störte nicht und tat der Romantik keinen Abbruch. Die beiden trafen sich und verstanden sich auf Anhieb bestens. Nach drei weiteren Treffen begannen sie zu glühen und verliebten sich unsterblich ineinander. Sie wurden ein Paar und sind es noch heute.

Da hatte ich das perfekte Beispiel genau vor der Nase gehabt, und was hatte ich von dieser Frau gelernt? Nichts! Ganz im Gegenteil: Ich hatte weiterhin nicht gegen Michael aufbegehrt, ihm das Frauchen vorgelebt und war auch geschäftlich keinen Schritt weitergekommen.

War denn alles umsonst gewesen?

Nein, diese Erfahrung hatte auch ihr Gutes. Ich habe viel gelernt in dieser aufregenden Zeit mit Michael und der Partnervermittlung. Wie manches funktioniert und anderes nicht.

Ab jetzt würde ich ein selbstbestimmtes Leben führen, beschloss ich. Und Steffi würde bestimmt einen guten Rat für mich haben.

Kapitel 18

Als ich bei meiner Freundin auf dem Sofa saß, wurde mir langsam klar, dass ich einen riesigen Bockmist gebaut hatte. Ich hatte keine Sekunde darüber nachgedacht, dass ich noch nicht einmal über eigene finanzielle Mittel verfügte. Ich war wirklich blind durchs Leben gegangen. Jetzt hatte ich gar nichts mehr.

Steffi half mir und plünderte ihr Konto für mich. Sie tröstete mich und kochte uns eine herrliche Erbsensuppe mit Rauchwürsten. Uns wurde warm beim Essen, und meine Stimmung verbesserte sich erheblich. Ich war so dankbar, eine Freundin wie sie zu haben und bereute einmal mehr, dass ich den Kontakt zu ihr so vernachlässigt hatte.

Wir waren uns einig, dass ich einen absoluten Neuanfang brauchte: Ortswechsel, Stellenwechsel, Partnerwechsel. Mein Temperament meldete sich zurück und forderte nun eine sofortige Wende. Gestärkt und mit neuem Mut verabschiedete ich mich von Steffi. Sie schmunzelte und rief mir hinterher: »Ich höre dann von dir!«

Ich fuhr in meine Wohnung, um meine Koffer zu packen. Ich musste weg. Weit weg. Und zwar so weit, dass Michael nicht am Abend auftauchen konnte, um mich zum Essen abzuholen.

Aber wohin? Ich hatte keine Ahnung, war aber jung und mutig, und so zog ich meinen Autoatlas zu Rate.

In welche Richtung zog es mich? Norden oder Süden?

Mir war oft kalt. Also entschied ich mich für den Süden. München fiel mir ein. Nein, vom Großstadtleben hatte ich erst mal genug. Es sollte kleiner und überschaubarer sein.

Ich fuhr mit meinem Zeigefinger den Rhein entlang nach Süden und folgte dem Flusslauf, der anscheinend im Bodensee verschwand. Der rote Punkt direkt am See nannte sich Konstanz. Super! Eine Kleinstadt mit großem See und einer Universität, dort herrschten Leben und Fluktuation. Die Stadt lag quasi in der Schweiz. Italien in greifbarer Nähe! Einfach phantastisch. Da musste ich hin!

Ich rechnete und kam auf eine Entfernung von knapp 600 Kilometern von Essen aus. Keine zwei Stunden später saß ich im Auto. Ja, ich fuhr einfach so in die Nacht hinein. Schließlich wollte ich weg sein, ehe Michael vor der Tür stand. Ich kam an diesem Abend bis Karlsruhe und erreichte am nächsten Vormittag Konstanz am Bodensee.

Obwohl noch mitten im Winter, empfing mich meine neue Heimat mit strahlendem Sonnenschein. Mir wurde warm ums Herz. Die Stadt zeigte sich von ihrer schönsten Seite. Ich fühlte mich auf Anhieb wohl. Hier würde ich bleiben.

Aber wo sollte ich wohnen? Ich ging zur örtlichen Touristeninformation. Sicherlich gab es in einer Stadt, die von ihrer Attraktivität als Urlaubsregion lebte, Ferienwohnungen, die im Winter leer standen. Ich hatte Glück. Man gab mir eine Liste mit den Telefonnummern von Leuten, die Wohnungen in Konstanz zu vermieten hatten. Ich machte mich gleich an die Arbeit.

Drei Anrufe später hatte ich für die erste Zeit eine möblierte Dreizimmerwohnung gefunden. Sie gehörte einem Arzt aus Heidelberg, der sie als Ausgangsquartier für seine Segeltörns nutzte. Da er im Winter nicht zum Segeln ging, konnte ich die Wohnung für die nächsten zwei Monate mieten. Sie lag direkt in der Seestraße am Yachthafen. Wenn das kein gutes Omen war.

Der Vermieter nannte mir die Adresse des Hausmeisters, der mir die Schlüssel aushändigen würde. Als ich nach einem kurzen Abstecher zu ihm endlich in meinem neuen Zuhause ankam und die Tür aufschloss, verschlug es mir die Sprache. Die Wohnung war wundervoll. Hell und freundlich, und sehr geschmackvoll eingerichtet. Im Wohnzimmer entdeckte ich eine wunderschöne, gemütliche Couch, an den Wänden hingen abstrakte Gemälde, die Küche war groß und luxuriös im Landhausstil, und das Bad begeisterte mich mit seiner riesigen Marmorwanne.

Das Schlafzimmer war ganz im orientalischen Stil gehalten, mit einem ausladenden Bett in der Mitte, über das ein Baldachin gespannt war. Der Eigentümer dieser Wohnung schien mit dieser Einrichtung seine größten Urlaubsträume verwirklicht zu haben.

Ich war begeistert. Den restlichen Tag verbrachte ich auf der Terrasse und genoss den Anblick des Sees. Abends nahm ich ein Bad in meinem neuen persönlichen Wellnessbereich, öffnete eine Sektflasche, die ich zur Feier des Tages noch schnell besorgt hatte – und legte mich ins Bett. Überglücklich und bereit für meinen Neuanfang.

Am nächsten Morgen wachte ich erst um zehn Uhr auf. Ich konnte mich gar nicht erinnern, wann ich das letzte Mal so gut und so lange geschlafen hatte. Es musste Jahre her sein. Ich sah aus dem Fenster. Der See glitzerte in der Sonne. Auf den Platanen lag ein wenig Schnee. Es sah so aus, als würde ich wirklich direkt an der Promenade wohnen. Mir wurde ganz warm ums Herz. Ich war allein und – richtig zufrieden. Wenn ich jetzt noch ein frisches Croissant und einen Kaffee bekäme, wäre ich der glücklichste Mensch der Welt.

Schnell zog ich mich an und marschierte los. Ich erkundete die Gegend und entdeckte zu meiner großen Freude ein schönes altes Hotel, das ebenfalls direkt an der Promenade lag. Dort bestellte ich ein spätes Frühstück. Ich fühlte mich wie im Urlaub.

Später spazierte ich weiter, um meine neue Umgebung kennenzulernen. Es war großartig: die Stadt, die Natur, einfach alles. Nach drei Tagen in Konstanz beschloss ich, nie mehr zurückzugehen. Ich hatte eine neue Heimat gefunden.

Ich gewöhnte mich ziemlich rasch an die badische Gemütlichkeit und die honigsüße Seite des Lebens. Ich hatte Glück, mal wieder, und diesmal hielt meine Glückssträhne an. Mein Vermieter kam nach ein paar Wochen auf einen Besuch vorbei, um mich persönlich kennenzulernen und bot mir während des Gesprächs die Wohnung für ein ganzes Jahr an! Er sagte, dass er sich freue, endlich einmal seinen Sommerurlaub woanders verbringen zu können.

Auch beruflich lief es super – ja, geradezu traumhaft. In der ersten Zeitung, die ich mir kaufte, fand ich eine Stellenausschreibung einer exquisiten Partnervermittlung aus München. Diesmal reichten ein Telefonat und ein Vorstellungsgespräch, und ich war als Mitarbeiterin für den süddeutschen Raum eingestellt.

Mein Glück war perfekt, als sich Veronica eines Tages bei mir meldete und ihren Besuch ankündigte. Als sie vor meiner Tür stand, kam es mir vor, als hätte ich sie seit Monaten nicht gesehen. In der Zwischenzeit hatte ich so viele neue Eindrücke gesammelt, dass mir die Zeit seit meiner Abreise viel länger vorkam.

»Erzähl, was ist passiert, nachdem ich gegangen bin?«,

wollte ich wissen. Ich platzte vor Neugier, natürlich interessierte es mich brennend, wie Michael reagiert hatte. »Du machst dir kein Bild davon«, antwortete Veronica. »Michael hat uns alle terrorisiert. Er hatte schon am Nachmittag wieder mit dir gerechnet. Abends ist er zu deiner Wohnung gefahren und fand dich nicht. Da mussten wir alle ins Büro kommen und ihm Rede und Antwort stehen, wo du sein könntest. Er ist vor lauter Wut herumgesprungen wie Rumpelstilzchen. Mittlerweile fährt er täglich zu deiner Wohnung. Er kann einfach nicht glauben, dass du ihn verlassen hast. Das übersteigt seine Vorstellungskraft.«

Was taten mir diese Worte gut!

»Und weißt du, was er mir gestern gesagt hat? Er habe dich extra in allem so kurz gehalten, um dich mehr und mehr an ihn zu binden«, fügte sie hinzu.

»Das ist der größte Blödsinn, den ich je gehört habe!«, brach es aus mir heraus. »Was bildet der sich eigentlich ein? Er muss wirklich krank sein. In welchem Jahrhundert lebt er überhaupt?«

»Oh, es geht noch weiter. Halt dich fest: Wenn ich dich sehe, soll ich dir ausrichten, dass er dich zur alleinigen Geschäftsinhaberin machen will. Außerdem will er dich heiraten. Sobald du wieder da bist. Die Hochzeit kann sofort stattfinden.« Veronica sah mich prüfend von der Seite an.

Ich sprang von der Couch auf, auf der wir es uns gemütlich gemacht hatten.

»Na, das fällt ihm ja früh ein! Ich bin wirklich entsetzt. Was bildet dieser Mann sich ein? Ich will nie mehr etwas mit ihm zu tun haben. Und nicht nur das. Ich will nie wieder über ihn sprechen. Der ist gestorben für mich.«

Veronica lehnte sich erleichtert zurück. »Bin ich froh, dass du das sagst. Die ganze Zeit habe ich überlegt, wie du reagieren und ob du am Ende noch mal schwach werden würdest. Ja, du hast es wirklich geschafft, Maria ist wieder ganz die Alte!«

Die nächsten Tage verbrachten wir mit langen Gesprächen, fuhren in die Berge zum Schneewandern und ließen es uns richtig gut gehen. Als sie wieder nach Düsseldorf fuhr, fühlte ich mich einsam. Ich bemerkte erst jetzt, wie wichtig sie mir im Lauf der Zeit geworden war.

Nach einem halben Jahr gab ich meine Wohnung in Düsseldorf auf. Ich hatte mir die Option noch so lange offen halten wollen, falls es in Konstanz nicht geklappt hätte.

Mittlerweile hatte der Sommer begonnen, und die warme Jahreszeit wurde am Bodensee für mich zum absoluten Highlight. *Arbeiten, wo andere Urlaub machen!* Den Slogan hatte ich zwar schon mal irgendwo gelesen, aber jetzt wusste ich, wie sich das anfühlte.

Im Winter hatte ich Skifahren gelernt, und nun sauste ich auf einem Surfbrett über den See. Ich war nicht wirklich gut, aber es machte mir riesigen Spaß. Durch meine sportlichen Aktivitäten lernte ich neue Bekannte kennen, mit denen ich viel unternahm. Im Herbst würde ich nach Sri Lanka fliegen, um mein Fernweh zu stillen. Das Leben war klasse!

Nach einem ereignisreichen Tag – ich war das erste Mal segeln gewesen – kam ich abends müde und zufrieden nach Hause. Und wer wartete vor der Haustür? Michael! Das durfte doch nicht wahr sein. Mein Herz fing an zu klopfen. Jetzt musste ich cool bleiben.

»Hallo! Was machst du denn hier?«, begrüßte ich ihn. »Hast du eine Einladung?«

»Was dachtest du dir dabei, von heute auf morgen alles

hinzuwerfen und mich zu verlassen?« Er war immer noch derselbe diplomatische, liebevolle Mensch.

»Ich habe dich verlassen, weil du zu weit gegangen bist. Und jetzt möchte ich nichts mehr mit dir zu tun haben, du bedeutest mir nichts mehr. Ich möchte keinen Kontakt mehr und will, dass du augenblicklich von hier verschwindest«, sagte ich mit belegter Stimme und nahm meinen Schlüssel aus der Tasche. Hoffentlich merkte er nicht, wie meine Hände zitterten.

Er sah mich ungläubig an. Solche harten, klaren Worte aus meinem Mund war er nicht gewohnt. Ich ging in aller Ruhe zum Haus, schloss die Tür auf und ging hinein. Ich schloss die Tür und ließ Michael draußen stehen. Für immer.

Kapitel 19

Ich lebte mich schnell in Konstanz ein, baute mir einen neuen Bekanntenkreis auf und wurde Mitglied im Surfclub. Dort lernte ich Maggie kennen, mit der ich mich bei einem gemeinsam durchstandenen Surfkurs anfreundete. Sie war 30 Jahre alt und arbeitete als Fremdsprachensekretärin. Ihre chaotische, extrovertierte Art mochte ich von Anfang an, ich fand sie sehr charmant und liebenswert. Maggie war wirklich reizend, und ich war froh, endlich wieder eine gute Freundin in meiner Nähe zu haben.

Auch beruflich hatte ich schnell Fuß gefasst: Für die Schweizer Partnervermittlung, bei der ich nun angestellt war, »bearbeitete« ich das gesamte Gebiet der Ostschweiz von Zürich über St. Gallen und den Bodensee.

Bei meiner täglichen Arbeit machte ich interessante Erfahrungen mit den Eidgenossen. Die Informationsgespräche bei den Partnersuchenden zu Hause verliefen sehr korrekt und freundlich. Man brachte mir großen Respekt entgegen, nahm die Vermittlung sehr ernst, und im Gegensatz zu meinen Erfahrungen in Deutschland bereiteten die Fragen zum Privatleben hier gar keine Probleme. Männer wie Frauen gaben freizügig Auskunft über ihre Gewohnheiten, ihre Vorlieben und sogar über ihre Vermögensverhältnisse.

Wenn ich die Interessenten darüber informierte, was die Vermittlung kosten würde, wurde nicht gehandelt, nicht gebettelt und nicht gefeilscht. Die Schweizer waren bereit zu zahlen, und zwar den vollen Preis, und sie waren überzeugt, dass sie das Erwartete bekämen. Besser konnte es gar nicht laufen.

Nach ein paar Monaten bei der Schweizer Partnervermittlung stellte sich jedoch heraus, dass ich wieder vor denselben Problemen stand wie schon bei der Agentur Rose. Ich hatte wenig Spielraum, um meine Ideen und Vorstellungen umzusetzen, konnte nichts gestalten – und arbeitete wieder für eine Firma, für die in erster Linie das Geschäft und erst danach die Menschen zählten. Mit jeder Woche wurde ich unzufriedener, und immer deutlicher formte sich in meinem Kopf das Bild meiner eigenen Agentur.

Die Erfahrungen, was die potentiellen Kunden in der Region rund um den Bodensee betraf, machten mir durchaus Mut. In Zürich und St. Gallen klappte es meistens sehr gut mit den Vermittlungen. Einzig die etwas provinzielleren Kantone wie Thurgau, Schaffhausen und Appenzell stellten mich vor das immer wiederkehrende Problem, dass sich nicht genug Frauen finden ließen, die Männer aus den Sennereien, dem Apfelanbau, der Rinderzucht oder dem einfachen Handwerk kennenlernen wollten. In den meisten Fällen dauerte eine Vermittlung vier- bis fünfmal länger als üblich.

Ich fühlte mich mit der Zeit immer sicherer im »ausländischen« Terrain und bemerkte, dass in den späten 80er Jahren ein Wandel einsetzte. Die Grenzen wurden durchlässiger, und vor allem benutzten immer mehr Leute die Übergänge und besuchten das jeweils andere Land. Die Menschen nahmen sich gegenseitig mehr wahr als vorher, und auch die Liebe hatte größere Chancen, über die Grenze hinweg zu wachsen als noch in den Jahren zuvor.

Das alles bestärkte mich immer weiter in meinem Vorhaben, das Risiko zu wagen und ein eigenes Geschäft aufzuziehen. Bald entdeckte ich auch die Schweizer »Zwillingsstadt« von Konstanz – Kreuzlingen im Kanton Thurgau. Dort ging es gemütlicher zu als auf der deutschen Seite. Insgesamt war zwar alles etwas langsamer, aber nicht minder interessant und schön. Seit Jahrhunderten schon hatten sich Konstanzer Geschäftsleute hier niedergelassen, und so folgte ich dieser Tradition und wagte den bisher größten Schritt meines Lebens: Ich kündigte meine Anstellung und gründete in Kreuzlingen, gerade mal 300 Meter von der Grenze entfernt, die Partnervermittlung Maria Klein. Ich mietete zwei wundervolle Räume in der herrschaftlichen Villa Bellevue und richtete mich dort ganz nach meinem Geschmack ein: Ich mischte moderne Formen mit einigen Antiquitäten und Möbelstücken von Schreinern aus der Region und dekorierte die Räumlichkeiten im französischen Stil mit vielen Stoffen und Teppichen.

Besonders stolz war ich auf meinen ersten eigenen PC, damals noch keine Selbstverständlichkeit. Ich ließ mich von einem Informatikstudent schulen und entwarf die Organisation meines Büros mit Hilfe der angebotenen Programme. Besonders hilfreich fand ich die Adressdatei, die Textverarbeitung und die kleine Datenbank, die ich mir extra für meine Zwecke einrichten ließ. Ein neues Zeitalter hatte begonnen, und ich war überzeugt, dass dies der richtige Zeitpunkt für meinen eigenen Start war.

Natürlich hatte ich sehr viel gelernt, als ich mit Michael das IPK in Düsseldorf gegründet hatte. Davon profitierte ich nun zwar, wollte jedoch auf keinen Fall auf diesem Stand stehen bleiben. Neben meiner neuen Datenbank, mit der ich Angaben wie Geschlecht, Alter, Größe, Haarfarbe und Postleitzahl miteinander verknüpfen und vergleichen konnte, führte ich weiterhin meine guten alten Karteikarten.

Selbst heute, mehr als 20 Jahre später, sind sie noch immer die Basis meiner Vermittlungstätigkeit. Auf die Vorderseite klebe ich das Foto des Bewerbers und notiere mir die wichtigsten Angaben zur Person. Auf der Rückseite halte ich Wünsche, Erwartungen und besondere Eigenschaften des Betreffenden fest. Die Karteikarte stecke ich in kleine, stabile Prospekthüllen, in denen weitere Notizen gesammelt sind: Namen derjenigen Kandidaten, die der Kunde beziehungsweise die Kundin bereits getroffen hat, meine Beurteilungen dieser Treffen, meine Gesprächsnotizen und alles weitere Wissenswerte. Diese Art der Archivierung ist mir am liebsten. Sie ist persönlich und »handgemacht«. Beim Anblick eines Fotos auf einer Karteikarte weiß ich gleich Bescheid über den Klienten, und es fallen mir sofort sämtliche Gespräche und Informationen über ihn ein.

Für meine Partnervermittlung suchte ich nun als Unterstützung noch eine Assistentin. Es war gar nicht so leicht, eine geeignete Büroassistentin zu finden. Es kam mehrmals vor, dass die Interessentinnen, als sie hörten, dass es sich um eine Stelle in einer Partnervermittlung handelte, anfingen zu zögern. Was sollte das für eine Arbeit sein? War das überhaupt seriös? Was würden die Bekannten und Freunde zu so einem Job sagen?

Der Stallgeruch der mittelalterlichen Kupplerin schien noch immer an meinem Gewerbe zu haften. Nur wenige Frauen verstanden, dass die professionelle Vermittlung eine seriöse, effiziente Angelegenheit war und diese Dienste gerne von beruflich engagierten und stark eingespannten Leuten in Anspruch genommen wurde.

An meine Assistentin stellte ich vor allem zwei Bedingungen: Sie musste flexibel sein, was die Arbeitszeiten betraf, und sie musste Hochdeutsch sprechen. In einem Café am Hafen bescherte mir das Glück des Zufalls die Begegnung mit Linda Beerle, einer ehemaligen Universitätssekretärin. Linda war geschieden, hatte zwei erwachsene Kinder, stammte gebürtig aus Hannover und war sehr angetan von meinem Jobangebot. Die neuen Aufgaben empfand sie als spannend und herausfordernd. Ich traute ihr zu, dass sie nicht nur rein nach Anweisung arbeiten, sondern auch ihr Gespür für Menschen und ihr technisches Fachwissen einbringen würde.

Der Startschuss konnte fallen. Anders als beim IPK griff ich nicht auf vorhandenes Adressmaterial zurück, sondern wagte einen radikalen Neuanfang. Ich suchte mir je eine regionale und eine überregionale Tageszeitung aus, und das sowohl für Deutschland als auch für die Schweiz. In diesen Zeitungen schaltete ich folgendes Inserat:

> **Neu gegründete Partnervermittlung sucht Sie!**
> Männer und Frauen im Alter zwischen 30 und 50, die ernsthaft eine Beziehung eingehen möchten. Für die ersten 30 Interessenten ist die Vermittlung kostenlos. Bewerben Sie sich bitte schriftlich mit Foto. Ich werde mich dann mit Ihnen in Verbindung setzen, um einen persönlichen Gesprächstermin zu vereinbaren. Vielen Dank für Ihr Interesse …

Es funktionierte. Nach einer Woche hatte ich bereits 76 Zuschriften. Ich wählte anhand der Daten und Fotos meine ersten 45 Klienten aus und traf mich mit jedem einzelnen von ihnen. 30 wurden tatsächlich gratis in die Vermittlung aufgenommen, und bei den übrigen 15 Kandidaten schloss ich in neun Fällen einen Vertrag ab. Der Grundstock war gelegt.

Ich sortierte meine Kunden nun nach Postleitzahlen und

legte mir »Regionalstapel« an. An der Wand in meinem Büro brachte ich eine große Karte der Gegend an, auf der ich kleine Fähnchen platzierte: blaue für Männer, rote für Frauen. Dort, wo drei oder mehr Kandidaten zusammenkamen, schaltete ich weitere Anzeigen und erhielt so neue Zuschriften, aus denen ich wiederum neue Vertragsabschlüsse gewinnen konnte. Als Nächstes ging es darum, passende Kandidaten zu einem Treffen zu bewegen. Ich bereitete sie auf das Rendezvous vor, gab Tipps für das persönliche Auftreten, schlug einen Ort vor und befragte beide nach dem Treffen bezüglich ihrer Eindrücke und Entscheidung.

Ich führte akribisch Buch über die Äußerungen meiner Kunden und nahm ihre Wünsche sehr ernst. Natürlich wäre es falsch gewesen, wenn ich versucht hätte, jeden Wunsch zu erfüllen, und es war auch notwendig, die Äußerungen der Leute zu filtern. Ich musste erkennen, wie objektiv ein Klient sich nach einem Treffen äußerte oder er dem anderen aus Frustration über eine Ablehnung eins auswischen wollte.

Anders als in Düsseldorf oder Essen bot die Landschaft am Bodensee mehr Freiraum für Freizeitaktivitäten. Das Radwandern kam in den späten 80er Jahren so richtig in Mode, und was hätte da näher gelegen als eine Rundtour um den Bodensee? Das brachte mich auf eine ganz neue Idee, was die Organisation von Single-Treffen betraf: Ich erfand das Velo-Come-Together und warb dafür in der Zeitung – drei Tage, zwei Übernachtungen in Vier-Sterne-Einzelzimmern, mit Gepäcktransport und einem Guide vor Ort. Ich überredete auch Frauen und Männer aus meiner Kundenkartei, daran teilzunehmen.

Für die Personen, die sich auf die Annonce hin meldeten, machte ich es nicht zur Bedingung, einen Vermittlungsvertrag abzuschließen, denn ich wollte in erster Linie meinen

Klienten die Gelegenheit geben, viele Singles gleichzeitig kennenzulernen. Später aber plante ich – immerhin war ich Geschäftsfrau –, dem einen oder anderen aus der Velogruppe einen Vermittlungsvertrag anzubieten.

Zu meiner allerersten Radreise meldeten sich 21 Teilnehmer an. Das versprach spannend zu werden!

Kapitel 20

Ich traf mich mit den elf Frauen und zehn Männern, die sich für die Wochenendtour angemeldet hatten, wie vereinbart, am Freitagnachmittag in Konstanz an der Seepromenade.

Für den ersten Tag war nur eine kleine Etappe geplant, denn zunächst ging es darum, die Teilnehmer miteinander bekannt zu machen. Zu diesem Zweck hatte ich mir einiges einfallen lassen.

Wie stets bei neugebildeten Gruppen fand sofort eine Lagereinteilung statt. Ein »Alphatier« wurde schnell gefunden: Lutz von Rothe, ein dynamischer 50-jähriger Unternehmer aus München, übernahm von der ersten Minute an das Kommando. Er radelte vornweg und reihte einen Kreis von zwei Männern und fünf Frauen um sich. Hannah Seylting musste die Karte lesen, Jörn Bosch wurde von Lutz für kleinere technische Arbeiten eingeteilt wie Gangschaltungen einrichten und Sattel verstellen. Lutz parlierte laut und versuchte, die Reiseleitung zu übernehmen, obwohl ich einen Sport- und Geographiestudenten für diese Aufgabe engagiert hatte.

Das zweite Grüppchen bestand aus drei Frauen und einem Mann, die sich von der ersten Gruppe demonstrativ abgrenzten. Sie radelten meist zwei und zwei nebeneinander und unterhielten sich. Die dritte Partei bildeten vier Damen um die 55 aufwärts, mit modischen Kurzhaarschnitten, schlanken Figuren und perfekter Fahrradausstattung –

Hosen, Brillen und Handschuhe komplett in Knallrot. Sie sahen aus wie die sportliche Version der Jacob-Sisters. Anscheinend hatten sie das Interesse für das andere Geschlecht verloren, denn sie erzählten mir, dass sie lediglich sportliche Tage verbringen wollten. Oft radelten sie voraus oder ließen sich zurückfallen und machten Pausen, um dann wieder zur Gruppe aufzuschließen. Der Rest der Teilnehmer blieb für sich allein. Still radelten sie daher und redeten nur das Nötigste.

Das Grüppchen um Lutz machte Sprüche, feixte und flirtete heftig untereinander. Ich hatte die Tagesetappen in kleinere Abschnitte unterteilt. Es wurde jeweils 90 Minuten geradelt und dann eine 30-minütige Rast eingelegt, für die ich jeweils eine Kleinigkeit vorbereitet hatte.

Von Konstanz aus radelten wir den Rhein hinab Richtung Arenenberg, dem Napoleonschlösschen. Dort angekommen, gab es Getränke. Beim nächsten Stopp in Bermatingen am See händigte ich mit großen Ziffern bemalte Umschläge aus, in denen sich jeweils ein Block und ein Stift befanden. Die Gruppe stellte sich im Kreis auf, und jeder hielt seinen Umschlag gut sichtbar in die Höhe. Die Aufgaben lauteten zum Beispiel: »Bitte beobachten Sie die Person mit der Nummer fünf während der Tour. Nennen Sie am Ende des zweiten Tages drei hervorragende Eigenschaften dieser Person. Wenn Sie mit dieser Person eine Woche lang alleine verreisen würden, welches Ziel würden Sie wählen und warum?«

Männer hatten Umschläge mit geraden Zahlen und mussten eine ungerade Zahl beschreiben. Wir wollten damit die Grüppchen sprengen, die sich gleich zu Beginn gebildet hatten, Gespräche mit anderen initiieren und etwas Farbe in die ganze Sache bringen.

Der erste Übernachtungsort war Stein am Rhein. Dort bildeten wir fünf Teams, die jeweils einen Apfel, eine Kuhglocke und ein Stück Käse auftreiben mussten – allerdings ohne diese Dinge einzukaufen. Für jedes Team stand ein Holzbrett bereit, an dem ein Seil angebracht war. Auf dieses Holzbrett sollten die Teilnehmer die drei Gegenstände legen. Die Seilenden mussten von vier verschiedenen Händen bedient werden, und gemeinsam sollten sie das Brett mit den Gegenständen auf dem Brunnen am Marktplatz abstellen.

Damit wollten wir Teamgefühl erzeugen und Menschen zusammenbringen, die sich sonst aus dem Weg gegangen wären. Abends wurde das Mehr-Gang-Menü an je vier Tischen à sechs Personen serviert und eingenommen. Nach jedem Gang wurde die Tischbesetzung neu zusammengewürfelt. Nach dem Essen zeigten wir eine Diashow mit den fotografischen Eindrücken des Tages und ließen die Bilder jeweils von zwei verschiedenen Moderatoren kommentieren.

Ich hatte viel hineingepackt in diese drei Tage, aber das war auch der Sinn und Zweck der Veranstaltung. Ich wollte so viel Interaktion wie möglich zwischen den einzelnen Teilnehmern erzeugen. Die Jacob-Sisters machten zwar alles mit, zeigten sich jedoch von meinen Versuchen nicht besonders beeindruckt. Lutz und Rainer führten meistens das Wort und kasperten herum oder wetteiferten, wer beruflich erfolgreicher war.

Am Ende der Tour hatte sich herausgestellt, dass trotz meiner Bemühungen und Teambildungsmaßnahmen die Grüppchen unverändert fortbestanden. Die Teilnehmer hatten allerdings ihren Spaß gehabt: Sie hatten versteckt oder ganz offen miteinander geflirtet und sich prächtig amüsiert. Singles konnten also mit Singles, das war schon mal eine gute Erkenntnis.

Es hat sich jedoch nach diesem Wochenende kein Pärchen auf Dauer gefunden. Es wurden zwar Telefonnummern ausgetauscht und Treffen verabredet. Das wäre aber nach einer »normalen« Radreise ebenso passiert.

Ich als Partnervermittlerin zog aus diesem Experiment eine wertvolle Erkenntnis: In einer Gruppe von Singles findet man nur ganz selten einen neuen Partner. Das mag zum einen an der Auswahl der Gruppenmitglieder liegen. Die Menge an Informationen über elf fremde Frauen beziehungsweise zehn Männer ist groß – zu groß, um die wichtige Frage der Partnerwahl zu beantworten.

Das ist in etwa vergleichbar mit dem Kauf eines neuen Kleides: Man geht von Boutique zu Boutique, von Geschäft zu Geschäft. Nimmt man das Etuikleid in Pastell, das kleine Schwarze oder ein Leinenkleid im Landhausstil? Nicht selten kommt man ohne Kleid nach Hause, weil man sich nicht entscheiden konnte. Weil man zu schnell und zu intensiv gesucht und die Wünsche vorher nicht deutlich genug formuliert hat. Alle Kleider waren okay, aber nicht mehr.

Hätte man aber nur ein einziges Kleid anprobieren können und hätte einem jemand gesagt, wie wundervoll man darin aussähe – die Wahl wäre viel leichter gefallen. Genau so ist das auch bei der Partnersuche.

Ein anderes Problem bei Single-Gruppen ist, dass sich immer schnell ein »Anführer« abzeichnet, der den Ton angibt. Dadurch werden die Lager gespalten. Einige Frauen versuchen, das »Alphatier« zu beeindrucken und umschmeicheln ihn, manche geben sich demonstrativ desinteressiert, und andere fühlen sich herabgesetzt, weil er für sie gar keine Augen hat. Wie sollte er auch, bei so vielen Bewunderinnen?

Auch die anderen Männer haben dann Pech. Die fühlen

sich wie der Trostpreis, und ihr Selbstbewusstsein schwindet dahin. Ihre Wirkung auf Frauen sinkt, obwohl sie vielleicht tolle, selbstbewusste, erfolgreiche Kerle sind. Die »Alphas« bestimmen, wo es langgeht, alle richten sich nach ihnen, und nichts passiert ohne sie. So funktioniert das mit der Gruppendynamik.

Ich als Partnervermittlerin arbeite an dem Thema. Schon lange. Und ich gebe nicht auf.

Kapitel 21

Eines Nachts wurde ich durch lautes Klingeln an meiner Wohnungstür aus dem Schlaf gerissen. Es war Veronica, die den weiten Weg von Essen zum Bodensee auf einmal zurückgelegt hatte.

Zitternd, aufgelöst und übernächtigt stand sie vor mir und bat mich um Unterkunft. Arme Veronica, sie wirkte völlig verzweifelt, und ich machte mir große Sorgen. Nach einer warmen Dusche, einem Whisky und eingepackt in eine mollige Kuscheldecke, erzählte sie mir, warum sie aus Essen geflohen war.

Ihre Beziehung zu Alexander hatte nicht gehalten. Obwohl sie ihn aus ganzem Herzen liebte und auch er ihr ehrliche Gefühle entgegenbrachte, konnte sie sich nicht mit seiner Arbeit als Callboy abfinden. Es hatte lange gedauert, bis sie sich zu dieser Entscheidung durchgerungen hatte. Immer wieder wollte sie ihm sagen, dass sie sich entschlossen hatte, sich von ihm zu trennen, aber jedes Mal machte sie einen Rückzieher. Sie brachte es einfach nicht übers Herz.

An diesem Abend nun wollte sie endlich reinen Tisch machen und verabredete sich mit Alexander in einem Restaurant. Es sollte ein Abschiedsessen werden, und tatsächlich fand sie diesmal die richtigen Worte und erklärte ihm ihre Situation.

Plötzlich tauchte aus heiterem Himmel ihr Ex-Mann auf. Er hatte sie wieder einmal aufgespürt und war ihr bis ins

Restaurant gefolgt. Er war außer sich vor Wut und schlug auf Alexander ein, bis der das Bewusstsein verlor.

Danach ging alles sehr schnell: Ein Kellner rief die Polizei und einen Krankenwagen, und Henning ergriff die Flucht. Veronica begleitete Alexander in die Klinik, wo sich glücklicherweise herausstellte, dass er nur ein paar blaue Flecken davongetragen hatte.

Als sie das Krankenhaus verließ, lauerte Henning ihr auf dem Parkplatz auf und schlug nun auch auf sie ein. Doch dann ließ er auf einmal von ihr ab, sank in sich zusammen und brach in Tränen aus. Offenbar hatte er einen psychischen Zusammenbruch und schwor ihr ewige Liebe – und dass er niemals aufhören würde, sie zu suchen.

Veronica blieb nichts anderes übrig, als sofort zu fliehen. Sie setzte sich in ihr Auto und fuhr zu mir an den Bodensee. Sie war nun so weit, dass sie nie mehr zurückkehren wollte, und endlich fasste sie sich auch ein Herz und erstattete Anzeige gegen ihren Ex-Mann.

Das Schicksal hatte meine Freundin zu mir geführt. Sie entschied sich, in Konstanz zu bleiben und wurde meine Mitarbeiterin. Gemeinsam, so beschlossen wir, würden wir die Branche aufmischen!

Ich war glücklich. Seitdem Veronica da war, fühlte ich mich in Konstanz noch mehr zu Hause. Das Geschäft mit der Partnervermittlung florierte, und niemals zuvor hatte ich so viel Freude an meiner Arbeit gehabt.

Alles war wunderbar – und dennoch fehlte mir etwas. Etwas ganz Gravierendes.

Ich war mittlerweile 28 Jahre alt geworden und bildete mir ein, dass meine biologische Uhr tickte wie verrückt. Ich versuchte, die Batterie herauszunehmen, die Zeiger um Jahre zurückzustellen, die Uhr an die Wand zu werfen oder sie in die Tiefen des Sees hinabgleiten zu lassen – doch es half alles nichts.

Ich wünschte mir nichts sehnlicher als eine eigene Familie. Einen tollen Mann – und vor allem: Kinder.

Als ich Veronica davon erzählte, beruhigte sie mich nicht gerade: »In deinem Alter habe ich mir auch Kinder gewünscht. Aber dann habe ich leider den Zug verpasst. Oder den richtigen Mann.«

Nach diesem Spruch stieg Panik in mir auf. Was, wenn ich nicht schnell genug jemanden finden würde, der der Vater meiner Kinder werden könnte? Ich bin aus altem Holz geschnitzt und wollte keine alleinerziehende Mutter sein. Kinder, davon war ich überzeugt, sollten eine Familie haben: Papa, Mama, ein Gärtchen und so weiter. Dieser Idee wollte ich unbedingt folgen.

Aber – wie und wo findet eine Partnervermittlerin eigentlich einen Mann?

Ich arbeite zu professionell, um in meine Kartei zu schauen, und bis jetzt hatte ich meine Partner immer durch Zufall gefunden. Bewusst auf die Suche zu gehen war mir fremd.

Als ich mich ein paar Tage später mit meiner Freundin Maggie traf, erzählte ich ihr von meinem Wunsch nach einer eigenen Familie und meinen Überlegungen, wie ich den passenden Mann dazu finden konnte. Auch Maggie war seit einiger Zeit Single und auf der Suche nach einem neuen Partner. Um mich aufzuheitern, erzählte sie mir von ihrem letzten missglückten Versuch, Mr. Right zu begegnen:

»Du hast doch neulich diesen Klienten erwähnt, dem du die Frau vermittelt hast, die im Theater immer neben ihm saß. Das hat mich auf eine Idee gebracht, und ich dachte mir, ich versuche es auch einfach mal im Theater«, plapperte sie fröhlich los. »Natürlich kommt es gerade bei Kulturveranstaltungen auf das richtige Outfit an. Also habe ich mich von der kreativen Muse küssen lassen und meinen Auftritt im Foyer des Stadttheaters generalstabsmäßig geplant.

Ich trug mein kleines Schwarzes mit einem tiefen Ausschnitt, der Klassiker funktioniert schließlich immer. Darunter einen extraverstärkten Push-up und einen String. Meine Haare habe ich ganz natürlich gestylt und meine wilde Mähne lässig hochgesteckt. Danach habe ich mich wie eine Filmdiva geschminkt, mit hellem Make-up und vollen roten Lippen.

Am Nachmittag hatte ich mir extra noch ein paar High Heels gekauft – natürlich in leuchtendem Rot. Bevor ich aufbrach, hüllte ich mich noch in eine betörende Parfümwolke. Ich fühlte mich großartig, bestimmt würde das der Abend meines Lebens werden. Du kannst dir gar nicht vorstellen, was für eine Ausstrahlung ich hatte, es fehlte nur noch der rote Teppich!

Ich konnte es schon vor mir sehen, wie mein Held des Abends zu mir aufsehen und mich bewundern würde. Selbst wenn er mich nicht sofort sah, der Hauch meines Duftes würde ihn zu mir führen.«

»O Maggie, ich ahne Fürchterliches«, unterbrach ich sie lachend. »Das ist der größte Fehler, den man machen kann, das erzähle ich auch meinen Klientinnen immer. Der einzige Typ Mann, den du mit einem solchen Auftritt anmachst, ist der, den du garantiert nicht willst. Ein Mann, der sich nicht die Mühe machen möchte, hinter die Fassade zu schauen. Hattest du dir das Schwarze nicht mal für die Fastnacht gekauft?«, fragte ich und lächelte sie ironisch an.

»Das Schwarze ist klasse!«, antwortete sie und redete weiter. »Das Taxi hielt direkt vor der Eingangstür. Ich fühlte mich so selbstbewusst, dass ich schwungvoll ausstieg und mit federnden Schritten die Treppen hinauf ging und das Foyer betrat. Siegessicher schaute ich mich um – und stutzte.

Überall waren Kinder! Jungs in ihren Konfirmationsanzügen, Mädchen im Kleidchen, biedere Lehrerinnen und genervte Mütter. Mein Gott, es war die Abo-Vorstellung für Schüler! Ich muss schon sagen, ich bin wirklich aufgefallen an diesem Abend. Aber ich habe auch lange nicht mehr eine so peinliche Situation erlebt.«

Ich liebte Maggie allein schon für ihre Art, Geschichten wie diese zu erzählen. Egal wie schlimm, scheußlich oder absurd es am Ende ausging, sie verlor nie den Mut und schon gar nicht ihren Humor.

»Was hättest du getan, wenn tatsächlich dein Traummann neben dir gesessen, dich aber nicht beachtet hätte?«, fragte ich sie.

»Wenn ich nicht in dieser Teenie-Veranstaltung gewesen wäre und dieser Traummann hätte neben mir gesessen, ja, meinst du, ich hätte den so einfach gehen lassen? Zur Not wäre ich ohnmächtig geworden und theatralisch gefallen, er hätte mich gerettet, und ich hätte ihn zum Dank auf einen Champagner eingeladen. Aus einem Gläschen wären zwei geworden, da wir die ganze Nacht voller Hingabe über Kunst und Theater geredet hätten, und am Morgen wären wir uns verliebt in die Arme gefallen …«, seufzte sie.

»Schluss, aufhören, Maggie, du bist auf dem falschen Dampfer!«, versuchte ich, sie scherzend zur Vernunft zu bringen. »Dein Outfit! Stell dir doch mal bitte deinen divenhaften Auftritt in diesem Theater vor! Von deiner Parfümwolke ganz zu schweigen. Der Mann wäre völlig überfordert gewesen. Der hätte geschwiegen oder die Vorstellung in der Pause verlassen. Da hättest du fallen können, wie du magst, der hätte höchstens die Sanitäter geholt.«

Maggie sah mich entrüstet an. »Wahrscheinlich hast du recht. Ich habe mir auch schon gedacht, dass ich die ganze Sache irgendwie falsch angegangen bin. Wie auch immer. Aber ich bin lernfähig. Trinken wir noch einen auf unser zukünftiges Glück?«

Das taten wir. Konnte ja nicht schaden.

Kapitel 22

Ich war in den Wochen und Monaten darauf beruflich derart eingespannt, dass meine eigene Partnersuche völlig in Vergessenheit geriet. Jeden Tag fuhr ich zu einer meiner Niederlassungen, die ich in der Zwischenzeit gegründet hatte, um dort nach dem Rechten zu sehen.

Meine Freundin Steffi hatte sich für einige Wochen bei mir einquartiert, ebenso meine Schwester mit ihrem Mann. Ich genoss es, so vertraute Menschen um mich herum zu haben.

Mein 29. Geburtstag nahte mit der gleichen unglaublichen Geschwindigkeit wie das alljährliche Sommerfest des Surfclubs, dem Maggie und ich nun schon einige Zeit angehörten. Also beschloss ich, die beiden Ereignisse miteinander zu verbinden. Das erwies sich als äußerst praktisch, denn viele meiner neuen Bekannten waren da, und ich musste mich nicht um die Organisation einer eigenen Party kümmern. Das Fest fand direkt am See auf einem weitläufigen Grundstück statt. Es wurde gegrillt, gebadet, getaucht und natürlich gesurft. Meine norddeutsche Verwandtschaft – am Bodensee gelten Sauerländer schon als Norddeutsche – war begeistert.

Ich stand gerade in Gedanken versunken am Grill und wartete darauf, dass die Würstchen endlich fertig wurden, als mich plötzlich eine männliche Stimme hinter mir fragte: »Trinken wir ein Bier zusammen?«

Ich drehte mich um, und da stand er. Der Mann, der der Vater meiner Kinder werden würde. Unverhohlen starrte er mich an. Perplex nahm ich seine Einladung an und ärgerte mich gleich. Denn eigentlich mag ich überhaupt kein Bier. Das fängt ja schon gut an, dachte ich, und auf einmal schoss es mir in den Sinn, dass ich nun mein ganzes Leben lang mit diesem Mann würde Bier trinken müssen. Wie kam ich nur auf diesen absurden Gedanken?

Während er Bier holen ging, sah ich ihm nach und begutachtete ihn. Er war so groß wie ich, dunkelhaarig, etwa gleich alt und hatte eine gute Figur. Nicht schlecht.

Bis zum späten Nachmittag erzählten wir uns das Wichtigste über unser Leben. Ich erfuhr, dass er Martin hieß, als Architekt arbeitete, Kinder liebte und ein vielseitig interessierter, gesunder – wieso nur kam mir dieser Gedanke? – Mann war. Am Abend hatte ich mich unsterblich verliebt, und um Mitternacht machte er mir einen Heiratsantrag. Ohne zu zögern sagte ich: »Ja.«

Dann ging alles ganz schnell: Wir suchten uns eine gemeinsame Wohnung und heirateten. Ich war glücklich, das war der Mann, auf den ich gewartet hatte! Alles stimmte zwischen uns.

Endlich war ich angekommen.

Die letzten Jahre waren doch anstrengender gewesen, als ich es mir in meinem jugendlichen Leichtsinn hatte eingestehen wollen. Nun genoss ich unser Leben in vollen Zügen. Endlich nicht mehr alleine einschlafen müssen, gemeinsam aufwachen, zusammen lachen.

Es war wunderbar, mit ihm auf Reisen zu gehen. Egal wo wir waren – als Architekt kannte er sich hervorragend aus. Kein Museum war vor uns sicher, jede interessante Kirche, jedes wichtige Bauwerk wurde von uns besichtigt.

Zudem kam noch unser gemeinsames Faible für die Natur! Das war bei mir in den Jahren zuvor eingeschlafen. Unsere Hochzeitsreise unternahmen wir ins wildromantische Schottland, wo wir Schlösser und Burgen besichtigten und in kalten, feuchten Zimmern schliefen. Nun ja, darauf hätte ich allerdings gerne verzichtet.

Alles in allem lief unsere junge Ehe phantastisch.

Zwei Jahre später kam unser Sohn auf die Welt und nach weiteren zwei Jahren unsere Tochter. Ach ja, und nicht zu vergessen: Ich habe die schönsten Kinder der Welt bekommen.

Meine Niederlassungen in Stuttgart, München und Zürich verkaufte ich kurz vor der Geburt unseres Sohnes. Ich freute mich auf die neue Herausforderung. Mein neuer »Beruf« war ab sofort Hausfrau und Mutter, mit ein wenig Partneragentur nebenher. Den Konstanzer Firmensitz wollte ich auf jeden Fall behalten.

Die Arbeit machte mir immer noch viel Freude. Obwohl, manchmal beschlich mich das Gefühl, überlastet zu sein. Kinder, Haushalt, Ehemann, Geschäft – wer sorgte sich eigentlich um mich? Ich sprach mit meinem Mann darüber, und er hatte Verständnis. Schließlich machte er mir einen Vorschlag: »Du verdienst doch genug, was hältst du davon, wenn ich meine Arbeit als Architekt aufgebe? So können wir viel mehr gemeinsam unternehmen. Warum regelst du nicht dein Geschäft, und ich kümmere mich um die Kinder?« Ich war überrascht, aber gleichzeitig von seinem Entgegenkommen beeindruckt. Wir entschlossen uns, es genau so zu machen.

Allerdings … hatte ich irgendwann mal gesagt, dass ich Hausmänner sexy finde?

Nein! Ich liebe beruflich erfolgreiche Männer. Sie sehen

toll aus, riechen gut, und ich kann zu ihnen aufsehen. Und es machte mir gar keinen Spaß, vor geschäftlichen Terminen zwei Kinder fertig zu machen, damit sie mit ihrem Papa spazieren gehen können. Am Ende saß ich jedes Mal klatschnass geschwitzt und mit riechenden Händen (weil – welche Mutter kennt das nicht! – kurz bevor wir los wollten, wieder eine Windel voll war) im Auto und versuchte, unseren Lebensunterhalt zu verdienen.

Was war denn jetzt schon wieder, fragte ich mich. Ich hatte das Gefühl, in eine neue Abhängigkeit gerutscht zu sein. Eine andere diesmal. Nun hieß es: »Die Familie ist heilig, also halt die Klappe.«

Warum hatte ich nur das Geschäft behalten wollen? Schließlich war es doch immer mein Wunsch gewesen, eine Bilderbuchfamilie zu haben: Mutter, Vater, Kind – und der Papa sorgt für den Lebensunterhalt. Das war doch eigentlich der Plan gewesen.

Aber wie das eben so ist. Im Grunde aber hatten wir es gut, also will ich mich gar nicht beklagen.

Es lief alles bestens, wirklich. Die Jahre gingen ins Land, ohne dass sich etwas Spektakuläres ereignet hätte. Und so hätten wir wahrscheinlich noch ewig zusammengelebt, wenn mein Mann mir nicht nach sechs Jahren morgens am Frühstückstisch die Frage aller Fragen gestellt hätte:

»Liebst du mich eigentlich noch?«

Wahrheit oder Lüge?

»Nein, eigentlich nicht mehr«, entschied ich mich für die Wahrheit. Mir wurde heiß und kalt. Sollte man bei so einer gravierenden Frage nicht erst einmal abwarten, ob sich die Liebe wieder einstellte? Das passierte doch häufig in einer langen Beziehung. Man liebt sich, man liebt sich nicht. An diesem Tag war ich bei: Man liebt sich nicht. Vielleicht hätte ich am nächsten oder übernächsten Tag oder sogar noch am selben Abend etwas ganz anderes gesagt.

Während mir diese Gedanken durch den Kopf schossen, sagte mein Mann auch seine Wahrheit: »Dann sollten wir uns trennen.«

Was war nur passiert? Ich hatte den Respekt verloren, fühlte mich allein gelassen, obwohl er immer da war. Aber wofür war er da? Für mich? Oder nur für das schöne, bequeme Leben, das er mit mir führte? Brauchte ich eigentlich nur ein Kindermädchen, weil ich den Rest sowieso allein erledigte?

Das Ende unserer Beziehung wurde von einer bizarren Eigendynamik gesteuert. Nach nur zwei Wochen zog ich mit meinem Sohn und meiner Tochter aus unserem gemeinsamen Haus aus.

Wieder einmal stand ich vor einem Neuanfang, und diesmal beschloss ich, der Stadt den Rücken zu kehren und aufs Land zu ziehen. Im kleinen, aber sehr idyllischen Örtchen Dingelsdorf, das direkt am See lag, fühlten meine Kinder und ich uns auf der Stelle wohl.

Der gesamte Umbruch gestaltete sich zum Glück unproblematisch. Es gab keine Streitigkeiten mit Martin, keine gegenseitigen Vorwürfe, keine Gehässigkeiten. Es war alles in Ordnung, so seltsam das klingen mag.

Selbst mit der Kinderbetreuung klappte es sofort, obwohl die Kita schon ziemlich voll besetzt war. Eine Mutter, die von der Kindergärtnerin gehört hatte, dass ich eine Betreuung für meine Kleinen suchte, meldete sich sogar bei mir und bot sich als Tagesmutter für den Rest der Zeit an. Praktischerweise wohnte die Frau auch noch im selben Haus wie wir. In dieser Dorfgemeinschaft hatten wir so viel Glück, dass wir es kaum glauben konnten, und wir fühlten uns pudelwohl.

Trotzdem, die ersten Wochen nach der Trennung waren anders als das Leben zuvor. Wir mussten uns umgewöhnen, vieles neu annehmen, und oft fragte ich mich: »Wo ist der von mir einst so geliebte Mann? Warum ist er weg? Was ist denn passiert?« Ich, die Partnervermittlerin, kannte mich doch aus in Beziehungsfragen, aber diesmal war ich sprachlos.

Ich weiß nicht, wie ich es ohne die vielen Gespräche mit Veronica verarbeitet hätte, dass ich einfach so aus meiner Ehe ausgestiegen war. Es war mir unbegreiflich. So kannte ich mich nicht. Und so hätte ich auch keinen meiner Klienten beraten. Keine Gespräche, keine Paartherapie, kein Arbeiten an der Beziehung, stattdessen einfach Ende. Aus und vorbei.

Veronica suchte nach einer Erklärung für mich.

»Maria, du wolltest doch unbedingt heiraten und Kinder haben. Und du wolltest auf gar keinen Fall einen Typen wie Klaus heiraten. Der Mann musste ganz anders sein. Also, was hast du getan? Du hast dich, als der Wunsch dringender wurde, für einen Mann entschieden, der sämtliche Kriterien eines guten Ehemanns und Vaters erfüllte und der genau gleich tickte wie du. Du bist einem Phänomen aufgesessen: dem falschen Mann zur richtigen Zeit.«

Ich sah sie fassungslos an. »Wie meinst du das?«

»Du bist dem falschen Mann zur richtigen Zeit begegnet. Es hätte jeder sein können, der die gleichen Ziele hatte wie du. Jeder, der nett, gut aussehend, intelligent ist, eben so ein Typ wie Martin. Eure Beziehung hatte mit Liebe wahrscheinlich gar nicht viel zu tun. Eher mit Evolution.«

Nach diesem Gespräch wurde mir einiges klar, und ich erkannte meine und wohl auch die Beweggründe meines Ex-Mannes. Durch die Geburt unserer Kinder hatte sich der tiefere Zweck unserer Beziehung erfüllt.

Kapitel 23

Ich war nun 34 Jahre alt und wieder Single.

Single mit Kindern. Single in den Dreißigern. Single nach Scheidung. Single nach insgesamt sechsjähriger Beziehung. Ich war nun wieder allein.

Allein, aber mit Kindern. Allein, aber nicht mehr so jung.

Allein mit dem Gefühl, etwas verloren zu haben. Allein, aber mit Ehe- und Beziehungserfahrung.

Laut Duden ist ein Single ein Einzelspiel oder ein allein stehender Mensch. Ist man also ein richtiger Single, wenn man Kinder hat? Ein Einzelspiel mit zwei Kindern? Geht nicht. Wie könnte man einen Einzelspieler mit Kindern nennen? Versinglet – wie verheiratet oder verwitwet?

Wie auch immer. Das Leben als geschiedener Single mit Kindern ist ein anderes.

Anders, weil man plötzlich alles allein organisieren muss. Weil niemand abends neben einem liegt, mit dem man über die Erlebnisse des Tages und seine Gefühle reden kann. Es fehlt jemand, das ist es.

Anders, weil man feststellt, dass ab einem gewissen Alter eben nicht mehr alles möglich ist. Anders, weil man eine enorme Verantwortung für die Kinder hat. Der Gedanke schnürte mir die Kehle zu.

Anders auch, weil man nicht mehr tun und lassen kann, was man will. Der Typ da gefällt mir, den nehme ich mit nach Hause. Das geht nicht mehr, die Kinder sind da, und das ist kostbarer als alles andere.

Und anders, weil man wieder dort anfängt, wo man vor der festen Beziehung aufgehört hat: auf Partnersuche.

Schrecklich!

Bald merkte ich, dass es doch noch eine Steigerung meiner Situation gab: versinglet ohne Kinder. An den Wochenenden, wenn die Kinder bei ihrem Papa waren.

Unsere normale Woche war zum Bersten gefüllt mit Beruf, Haushalt, Verabredungen mit Müttern und anderen Kindern, Spielplatzbesuchen, Fahrdiensten zum Schwimmbad, Judo, Kindergarten, Kindergeburtstagen, Elternabenden, Arztbesuchen, Trösten, Spielen, Geschichtenvorlesen, Einkaufen, Kochen, Liebhaben, Reagieren auf Vorhersehbares und Unvorhersehbares. Um es einfacher auszudrücken: Die Woche war rappelvoll. Und wunderschön.

Dann kam der Freitag. Mein Ex-Mann holte die Kinder ab. Bis Sonntagabend. Aufatmen, endlich hatte ich Zeit für mich. Zuerst die Wohnung aufräumen, mal in Ruhe durch die Geschäfte schlendern, in einer Bar mit Maggie ein Glas Prosecco trinken, wieder nach Hause gehen. Stille! Herrliche Stille. Ohrenbetäubende Stille.

Meist ging ich früh schlafen und freute mich darauf, am nächsten Morgen auszuschlafen. Daran war ich schließlich gar nicht mehr gewöhnt. Natürlich wachte ich früh auf, mit dem schönen Gedanken, dass endlich Wochenende ist.

Doch schon kam Panik auf: bitte kein Wochenende. Wer würde mich bei meinen Einkäufen begleiten, wer mit mir ins Café gehen, ins Strandbad, zum Italiener, wo man so schön draußen sitzen kann bis in die Nacht? Wer würde mit mir bis in den Morgen reden? Mit wem könnte ich Zärtlichkeiten austauschen?

Dabei war ich doch gar nicht einsam. Ich kannte so viele Menschen, hatte Freunde, viele Freunde: verheiratete, in Beziehungen lebende, mit Kindern, ohne Kinder, gute Kollegen. Aber das war nicht das Gleiche. Wer von denen wachte schon morgens neben mir auf?

Ich verstand immer besser, warum die Menschen zu mir als Partnervermittlerin kamen. Ihnen ging es wohl ähnlich, egal, ob mit oder ohne Kind, und deshalb suchten sie professionelle Hilfe. Ich fühlte mich wie der Arzt, der sich selbst nicht helfen kann. Wahrscheinlich lag es an der Berufsblindheit. Ein Arzt kann seine Krankheit vielleicht diagnostizieren, sich eventuell etwas verschreiben, aber wirklich heilen kann er sich selbst nicht. In den meisten Fällen jedenfalls. Und so ging es auch mir, der erfolgreichen Partnervermittlerin Maria Klein.

Eines Tages saßen Veronica und ich im Büro und dachten zurück an unsere ersten gemeinsamen Schritte bei der Partnervermittlung Rose. Beide waren wir damals mehr oder weniger zufällig zu diesem Beruf gekommen. Unser Leben hatte sich im Laufe der letzten Jahre verändert. Auch die Menschen, die eine Partnervermittlung aufsuchten, hatten sich verändert. Ihre Motive waren andere geworden. Aus der »uralten« Kupplerin war über »die letzte Rettung« eine moderne Dienstleistungsagentur geworden. Wir setzten mit unserem Service auf Qualität und Niveau. Die Klienten heute wollten ihr Leben ganz bewusst nicht mehr dem Zufall überlassen. Sie waren gebildet, beruflich erfolgreich und kannten ihre Ziele.

In den 70er und 80er Jahren mussten wir in langen Gesprächen herausfinden, was ein Klient wünschte. Viele konnten damals ihre Vorstellungen nicht klar formulieren, und wir hörten meist die einzige Aussage: »Ich wünsche eine gute Partnerschaft«. Heute kamen die Menschen mit klaren Lebensentwürfen und oft sogar mit zu detaillierten und unrealistischen Wünschen zu uns und gaben uns Vorgaben, wünschten Service und Bedienung, bestanden auf Schnelligkeit und Präzision.

Die meisten hatten sich ein klares Partnerbild geschaffen, konnten uns das deutlich beschreiben und wussten, was sie von einem Partner erwarten durften.

Es gab jedoch Menschen, deren Selbst- und Fremdbild gar nicht übereinstimmten und deren Realität geprägt war von Träumen, Fehleinschätzungen oder purer Arroganz. Gerade kürzlich hatte ich wieder ein solches Beispiel erlebt.

Immer häufiger stelle ich fest, dass vor allem beruflich erfolgreiche, selbstbewusste und zudem attraktive Frauen keinen Partner finden. Viele von ihnen haben sich auf der Karriereleiter bereits postiert und möchten nun gerne mehr Zeit für sich und eine harmonische Partnerschaft haben, eventuell sogar Kinder bekommen.

Eine meiner Klientinnen hieß Rosemarie Prantl, und sie stammte aus Österreich, genauer gesagt aus dem Dachsteingebirge. Dort war sie als zweitjüngstes von sieben Kindern auf dem elterlichen Hof aufgewachsen, hatte eine behütete und liebevolle Kindheit gehabt. Es hatte ihr an nichts gefehlt, die Großfamilie hielt fest zusammen, und man sorgte füreinander.

Als ich Rosemarie kennenlernte, fielen mir zuerst ihre temperamentvolle, lebensfrohe Art und ihr sicheres, unbeirrbares Auftreten auf. Obwohl sie elegant gekleidet und sehr gebildet war, erahnte man noch das »Naturkind«, das in ihr steckte. Ihre Statur war eher zierlich, aber sie strahlte eine enorme Stärke aus.

Wie es in ihrem Dorf für Bauernmädchen üblich war, machte sie nach der Schule eine Lehre als Kellnerin. Als sie 20 war, hatte sie den Wunsch, das Dorf zu verlassen und die große weite Welt kennenzulernen. In der regionalen Zeitung fand sie eine Anzeige, in der eine so genannte Event-Agentur junge Frauen suchte, die bei großen Banketten servieren und sich freundlich um die Gäste kümmern sollten.

Rosemarie schickte eine Bewerbung an die Agentur und wurde prompt zu einem Vorstellungsgespräch nach Frankfurt am Main eingeladen. Das Gespräch verlief gut, man traute ihr einiges zu und bat sie nur inständig, ein wenig auf ihren Dialekt zu achten und sich vor allem das rollende »R« ein wenig abzutrainieren. Die Agentur wollte es mit ihr versuchen, und so bekam sie die Stelle.

Bereits der erste Arbeitseinsatz, die eleganten Gäste und die aufgeladene Stimmung beeindruckten Rosemarie so tief, dass sie eine Entscheidung traf: Sie wollte sich nicht damit zufriedengeben, die Gäste zu bedienen, nein, sie beschloss, alles daranzusetzen, eines Tages selbst als Gast zu einem solchen Bankett eingeladen zu werden.

Sie entwarf einen Plan und arbeitete ab sofort hart an der Umsetzung. Ihre Eltern und Großeltern bat sie um finanzielle Unterstützung, damit sie ihr großes Ziel erreichen konnte. Sie war fleißig, holte ihr Abitur nach, lernte Englisch und Französisch und schrieb sich in Frankfurt für ein Studium Volks- und Betriebswirtschaftslehre ein. Sie paukte wie eine Besessene und bewarb sich für ein Stipendium, das sie auch bekam. Rosemarie wurde gar als Hochbegabte eingestuft und besonders gefördert. Sie setzte ihr Studium in Oxford fort und machte nach ihrem deutschen Diplom noch den MBA in Harvard.

Danach startete sie eine Karriere in der Welt der Finanzen in Chicago und arbeitete sich sehr in einem der bedeutendsten Finanzunternehmen nach oben. Es dauerte etwa zehn Jahre, bis sie ihr Ziel erreicht hatte: Eines Tages saß sie in Frankfurt am Main im gleichen Saal des Kongresscenters und nahm an einem festlichen Bankett teil.

Sie war am Ziel angekommen. Es hatte sich gelohnt, das nächtelange Lernen, das Verfassen von Hausarbeiten und Publikationen, die vielen Referate, die täglichen Arbeitsgruppen und dazu noch die Anstrengung, ein gesellschaftliches Leben aufzubauen.

Rosemarie Prantl, das Mädchen vom Dachsteingebirge, die gelernte Kellnerin, war eine der wenigen Frauen der Welt, die es in der Finanzbranche zu einer glänzenden Karriere gebracht hatten.

Sie war nun 40 Jahre alt und meldete sich in meiner Agentur. Effizient, schnell, durchdacht und rational, wie sie geworden war, erzählte sie mir von ihrem Wunsch. Als wir uns trafen, fiel mir auf, dass sie, obwohl sie auffallend attraktiv und elegant war, eine große Herzenswärme und Authentizität ausstrahlte. Ich konnte sie mir so, wie sie sprach und sich bewegte, durchaus im Dirndl vorstellen. Lebhaft schilderte sie mir ihre Vorstellungen von dem Partner, den sie suchte.

Sie wollte endlich eine liebevolle Beziehung eingehen, beruflich kürzer treten, das Leben und auch ihren mittlerweile großen Wohlstand genießen. »Das Alter des Mannes ist nicht so wichtig, er kann gerne bis zu 60 Jahre alt sein. Kinder darf er haben, eventuell auch einen Kinderwunsch. Ich koche gerne, liebe es, einen Partner zu verwöhnen und fühle mich im einfachen Gasthaus genauso wohl wie im Fünf-Sterne-Hotel. Ich bin ein sehr sportlicher Typ, es gibt fast nichts, was ich nicht mag: Fallschirmspringen, Golfen, Skifahren und vieles mehr. Was das Äußere betrifft, bin ich nicht weiter festgelegt. Wenn mein Partner nicht so beweglich ist, stört mich das gar nicht, er darf auch ein kleines Bäuchlein haben. Im Grunde meines Herzens bin ich immer noch das Mädchen aus dem Dachsteingebirge oder möchte es wenigstens ein wenig wieder sein.« Dabei lachte sie laut und herzlich.

Das alles hörte sich für mich als Vermittlerin traumhaft an. Ich brauchte ihr keine Wünsche aus der Nase zu ziehen, und es gab kaum Abstriche zu machen.

Sie schien offen für alles und wollte unbedingt ihr Leben mit jemandem teilen. Es würde kein Problem für mich werden, dieser Frau den passenden Partner vorzustellen. Die Männer standen Schlange bei Frauen wie ihr.

Ich schlug ihr als Erstes Gregor, einen Unternehmer, vor, von dem ich mir vorstellen konnte, dass er gut zu ihr passen würde. Er war 48 Jahre alt, mittelgroß, hatte aschblondes Haar, eine hagere Figur und ein markantes, attraktives Gesicht. In seiner Freizeit war er leidenschaftlicher Segler, besaß sogar ein eigenes Boot, und im Winter fuhr er regelmäßig Ski. Er war geschieden und hatte zwei Kinder im Alter von 12 und 14 Jahren, die ganz in seiner Nähe wohnten. Ein Mann, wie viele Frauen ihn sich erträumten.

Es stellte sich heraus, dass ich voll ins Schwarze getroffen hatte: Es war Liebe auf den ersten Blick, und es bestand auf beiden Seiten eine große erotische Anziehung, wie sie mir einmal augenzwinkernd gestand. Sie kochte für ihn, seine Kinder und die vielen Gäste, die sie hatten. Seine Kinder liebten sie, in ihrem Beruf blieb sie nach wie vor erfolgreich, obwohl sie ihr Arbeitspensum extrem reduziert hatte.

Alles schien perfekt, doch dann, nach einem Jahr, war die große Liebe von heute auf morgen vorbei. Gregor trennte sich von ihr. Ich war schockiert. Was war nur geschehen? Aber Nachfragen halfen nicht. Sie wusste einfach keine Antwort, und er verweigerte die Auskunft. Er wollte einfach nicht mehr, ich hätte mein Honorar für die Vermittlung erhalten, und nun sei die Sache erledigt.

Rosemarie hingegen überwand ihren Schmerz sehr schnell, dafür besaß sie zu viel Ratio, und eine Niederlage machte sie nur noch stärker. Sie beauftragte mich ein zweites Mal, und ich gab mir wieder viel Mühe.

Sie traf Peter, einen Kunstkritiker von internationalem Renommee – und beide waren voneinander begeistert. Diesmal gab es keine Kinder. Sie reisten viel, er führte sie in die Welt der Kunst ein und zeigte ihr die Künstlerszenen der europäischen Hauptstädte. Rosemarie legte ein Sabbatical ein und begleitete Peter auf seinen Reisen. Ich wähnte sie gerade auf der ART BASEL, als Rosemarie eines Tages anrief und mich um einen neuen Partnervorschlag bat.

Ich fiel aus allen Wolken. Irgendetwas stimmte da nicht. Das konnten doch nicht zwei unglückliche Zufälle sein. Mein Plan war, ihr einen dritten hochkarätigen Mann zu präsentieren und dann abzuwarten. Es war ein Risiko, das ich einging, immerhin musste ich auch an meine männliche Klientel denken. Eine Frau wie Rosemarie kennenzulernen, machte sie glücklich, wenn jedoch am Ende eine Enttäuschung herauskam, dann fiel das auch auf mich zurück.

Bevor ich ihr den dritten Mann vorstellte, versuchte ich,

mich so gut wie möglich vorzubereiten. Ich fasste mir ein Herz und rief Gregor und Peter an. Ich musste es schaffen, mit ihnen zu sprechen, um die Wahrheit zu erfahren. In beiden Fällen hatte ich Glück: Die Herren waren freundlich und bereit, mir Auskunft über ihre Erfahrungen mit Rosemarie zu geben. Ich erfuhr, dass sie eine glänzende Partie war, höflich, liebevoll, reizend, ein wunderbarer Mensch – nur leider überaus egozentrisch. Sie konnte einfach nicht aufhören, egal wie unpassend es gerade war, zu erzählen, welchen tollen Deal sie wieder eingefädelt hatte und mit welchem Präsidenten sie gestern zum Lunch war.

Es konnte immer passieren – auf einer Hütte mit Freunden, wo man gerade eine gepflegte Partie Skat spielte oder mitten im Gespräch mit einem Kunstjournalisten. Plötzlich fing sie an, von Gewinnmaximierung von Unternehmen zu plaudern, von Debatten über Zinssenkungen, von vorbereiteten Gesetzen in den USA, an denen sie mitgearbeitet hatte. Und jedes Mal wurden diese Exkurse mit dem Satz beendet: »Und stell dir vor, das alles ist einem einfachen Bauernmädchen aus dem Dachsteingebirge passiert.«

Ihr penetrantes Gerede über ihre Karriere machte auch vor intimen Situationen nicht Halt. Nach dem Sex kam es häufig vor, dass sie seufzte und ihrem Partner ins Ohr flüsterte: »Jetzt hast du gerade mit einer sehr einflussreichen Frau geschlafen!«

Ich war fassungslos, konnte mir nach den lebhaften Schilderungen der beiden Männer jedoch gut vorstellen, dass das auf Dauer jede Beziehung belastete. Ich fand das sehr schade, denn Rosemarie war wirklich eine wunderbare Frau, von der ich wusste, dass sie auf keinen Fall arrogant, eingebildet oder überheblich war. Sie hatte schlichtweg Hemmungen. Nach außen hin schien alles perfekt, aber offenbar hatte sie ihren Weg nach »oben« nicht verkraftet. Nachdem sie ihre Großfamilie gegen die Empfänge und Bankette der Finanzbranche eingetauscht hatte, fühlte sie sich entwurzelt und verunsichert. Sie hatte den Bezug zu ihrer eigenen Identität verloren und große Schwierigkeiten, sich selbst zu akzeptieren. Das wiederum wirkte sich auf ihre Partnerschaften aus.

Ich verabredete mich mit ihr zu einem langen Gespräch, das war ich ihr und mir schuldig. Ich fragte sie nach ihrer Kindheit, ihrer Karriere, den Männern, ihrer Lebensphilosophie und wagte schließlich, offen zu ihr zu sein: »Frau Prantl, ich habe den Eindruck, dass Sie nicht wirklich erwachsen geworden und noch viel zu sehr Ihren Kindheits- und Jugenderinnerungen verhaftet sind. Wie wäre es, wenn Sie sich etwas Zeit für sich nehmen, nach Hause zu Ihrer Familie fahren und dort zur Ruhe kommen, bevor Sie sich auf die nächste Beziehung einlassen?«

Sie antwortete nicht und dachte eine ganze Weile stumm nach.

Am Ende nahm sie meinen Vorschlag an und fuhr nach Hause zu ihrer Familie. Ich hörte lange nichts von ihr, bis sie sich einige Monate später wieder bei mir meldete und mir erneut einen Auftrag gab. Und das war wirklich der letzte.

Ich brachte sie mit Hubert zusammen, dem Eigentümer einer internationalen Restaurantkette. In seinen Restaurants wurde veganisch gekocht und gegessen. Rosemarie fand das spannend und ihren Hubert genauso. Bei ihm konnte sie eigene Ideen aus der Gastronomie einbringen und ihm gleichzeitig bei der Suche nach neuen Investoren helfen.

Sie hat, meines Wissens, nie mehr die »Das-Mädchen-vom-Lande-kann-alles«-Nummer versucht. Regelmäßig schickt sie mir Einladungen zu Eröffnungen neuer veganischer Restaurants: in Kyoto, Oslo, Kapstadt …

Über ihr Glück freue ich mich riesig, aber zur Jetsetterin habe ich es nicht gebracht.

Kapitel 24

Veronica und ich nahmen weder an der internationalen Glamour-Welt teil, noch hatten wir unsere große, wahre Liebe gefunden. Unsere Ansprüche waren verhältnismäßig gering: »Nicht dick, nicht dünn, nicht dumm, mit Geld und Haus und Hund«, fasste Veronica es scherzhaft zusammen. »Übrigens, mein Traummann fliegt morgen nach Zürich ein.«

Mir blieb vor Schreck mein Frühstücks-Croissant im Hals stecken.

»Du redest doch nicht von Alexander?! Bist du von allen guten Geistern verlassen? Ich dachte, diese Geschichte sei endgültig vorbei! Dass er überhaupt noch mit dir spricht, nach der Körperverletzung durch deinen Ex-Mann.« Ich hustete mir die Krümel aus der Luftröhre.

»Beruhige dich«, lachte Veronica und schlug mir auf den Rücken. »Er hat beruflich hier zu tun und ist in drei Tagen wieder weg. Begleitest du uns heute Abend zum Essen?«

»Darauf kannst du dich verlassen. Ich werde dich in den nächsten Tagen keine Minute mit ihm allein lassen«, antwortete ich und rang nach Luft. Das fehlte noch, dass sie wieder diese unglückliche Beziehung anfangen würde!

Am Abend trafen wir uns mit Alexander in der Halle eines Hotels in der Innenstadt, in dem er für drei Tage abgestiegen war. Er wartete bereits auf uns, und als ich ihn sah, war ich wieder einmal beeindruckt von seinem Auftreten. Alexander besaß das Aussehen und die Ausstrahlung eines argentinischen Topmodels, verbunden jedoch mit einer großen Portion Intelligenz. Seine Augen waren überall, er bemerkte Kleinigkeiten, war flink, aufmerksam und gab zu den verschiedensten Themen differenzierte Meinungen von sich. Ich konnte Veronica verstehen, dass sie so starke Gefühle für ihn hatte, und dann auch wieder nicht. Es war schließlich verschenkte Zeit und Energie. Es war einfach dumm, was sie tat.

Alexander bewegte sich in diesem Hotel, als wäre er hier zu Hause. Er war ein brillanter Unterhalter mit vielen Facetten und noch mehr Geschichten. Wenn ein Mann uns Frauen verstand, dann war er es. Er hatte die Gabe, jede noch so kleine Regung, jede Geste, jedes Zucken, einfach jede Stimmung der Frau, die ihm gegenübersaß, wahrzunehmen.

Von ihm erfuhren wir Dinge, über die ein Mann sonst nie spricht: dass falsche Brüste im Liegen nach oben stehen, dass Bäuche, aus denen das Fett abgesaugt wurde, sich wie Pergamentpapier anfühlen. Dass Frauen glaubten, nur weil sie Jeans und ein grelles Outfit trugen, gleich zehn Jahre jünger auszusehen. Dabei wirkten sie gerade dadurch älter und ein bisschen verzweifelt.

Dass Frauen überzeugt waren, sie müssten nur schlank genug sein, um jung zu wirken. Hier widersprach er übrigens vehement: lieber zehn Kilo zu viel als fünf zu wenig.

Dass Frauen, wenn sie ihn zum ersten Mal buchten, die ganze Zeit nur entschuldigend darüber sprachen, warum sie ihn gebucht hatten.

»Machen Männer das auch, wenn sie ein Callgirl mieten?«, fragte ich ihn.

»Nein. Männer suchen sich eine aus. Nennen ihre Wünsche, zahlen, und los geht's«, sagte er und lächelte charmant.

»Was hält denn Frauen davon ab, es genauso zu machen?«, fragte Veronica. Sie starrte ihn schon wieder die ganze Zeit an.

»Die Erziehung. Für Männer ist die Frau schon seit Urzeiten für den Beischlaf zuständig. Sie hat zu funktionieren. Diese Vorstellung ist bei vielen Männern genetisch bedingt. Aber es gibt auch Frauen, die mich mit dieser Selbstverständlichkeit buchen.«

»Mit welcher Begründung?«, fragte ich. Kaum hatte ich sie ausgesprochen, fiel mir auch schon die Idiotie dieser Frage auf. Warum brauchen Frauen immer eine Begründung, wenn sie Sex haben wollen?

Alexander lachte. »Oft sind es Frauen, die im Moment keine Lust auf eine feste Bindung haben, keine Zeit auszugehen, um sich einen One-Night-Stand zu suchen, der dann doch mehr will. Sie wollen einfach nur einen schönen Abend mit allem Drum und Dran, der genau dann endet, wenn sie es wollen. Diese Frauen mag ich am liebsten. Mit ihnen ist es witzig, unkompliziert, häufig mag man sich sogar, telefoniert zwischendurch und trifft sich öfter.«

Kaum hatte er das ausgesprochen, sah ich, wie Veronica zusammenzuckte. Meine Güte, das war aber auch hart für sie. Nein, mit einem Mann wie Alexander sollte man keine Liebesbeziehung führen. Das hielt keine Frau aus.

»Komm, erzähl weiter«, versuchte ich, die Situation zu retten. »Was bemerkst du an Frauen, was sonst kein Mann wahrnimmt?«

»Man sieht Frauen immer an, wenn sie auf Partnersuche sind. So wie bei dir«, sagte er und sah mir dabei direkt ins Gesicht.

»Wie bitte?«, ich wurde rot. »Warum sieht man mir das an?«

»Weil du jeden Mann, der hereinkommt oder vorbeigeht, begutachtest. Und zwar ganz ausgiebig, von oben bis unten. Mich übrigens auch. Du bist mit einer unsichtbaren Antenne ausgestattet: Im Moment sendest du ununterbrochen, und zwar die Botschaft: ›Ich suche, ich suche, ich suche …‹ und wartest auf eine Antwort. Diese Wellen sind völlig unsichtbar, und doch kommen sie an. Allerdings nur bei dem, der den gleichen Sender hat. Damit kannst du aber auch leicht bei den Falschen landen. Die dir dann für einen Abend den Romeo vorspielen, dir von Liebe, Romantik und Zukunft erzählen und dabei nur eines im Sinn haben: Spaß für eine Nacht.«

Na, das war ja wirklich eine interessante Erkenntnis. Es hatte sich gelohnt, Veronica bei ihrem Treffen mit Alexander zu begleiten.

Ein bisschen beneidete ich sie sogar: Ich wünschte mir auch einen Frauenversteher-Freund wie Alexander. Allerdings mit einem anderen Beruf. Ob es so einen gab?

Am nächsten Wochenende, das ich gemeinsam mit den Kindern verbrachte, unternahmen wir bei herrlichem Sonnenschein eine Radtour am See entlang. Es war ein traumhafter Tag, der Herbst hatte gerade begonnen, aber es war noch immer sommerlich warm. Wir überquerten auf einem Schiff den See, um auf die andere Seite zu gelangen. Ich genoss den warmen Wind und beobachtete meine Tochter, wie sie sich angeregt mit einem Urlauber unterhielt. Man erkannte auf den ersten Blick, dass er Tourist war, denn er trug ein buntes Hemd, weiße Socken in scheußlich bequemen Sandalen und Fotoapparat um den Bauch.

Während er mit meiner Tochter sprach, sah er ein paar Mal

erwartungsvoll zu mir herüber. Dann nahm meine Tochter ihn an die Hand und kam freudig grinsend zu mir herüber. O nein, ich ahnte Furchtbares.

»Mama, das ist Ernst. Ich habe ihn gefragt, ob er mal mit dir weggeht. Weil du doch immer so alleine bist ohne den Papa«, sagte meine Tochter und strahlte mich dabei wie ein Engelchen an.

»Der gefällt der Mama nicht. Du bist so blöd«, stellte mein Sohn fachmännisch fest und schüttelte dabei den Kopf über seine Schwester. »Die hat ja gar keine Ahnung!«, setzte er noch eins drauf. Ernst erkannte seine aussichtslose Situation und verzog sich wieder.

So weit war es jetzt also schon gekommen. Meine Kinder beschlossen, dass ihre Mama einen Mann brauchte. Sollte ich das positiv oder negativ sehen? Auf jeden Fall wusste ich jetzt, dass es den Kindern gefallen würde, wenn ich wieder einen Partner hätte. Oder wollten sie einfach nur einen Mann in unserer Familie? Eine kleine, heile Welt; Mutter, Vater, Kinder und alle zusammen.

Ich begann, mir Fragen zu stellen: Hatte ich den Kindern ihre heile Welt genommen, weil ich ihren Papa nicht mehr liebte? War man es den Kindern nicht eigentlich schuldig, für immer und ewig zusammenzubleiben?

An diesem Tag konnte ich den See und die hinreißende Landschaft nicht richtig genießen. Ich sah mich um und entdeckte ausschließlich Familien beim sonntäglichen Familienausflug. Alle zusammen.

Aber als ich genauer hinsah, merkte ich, dass nicht überall automatisch Idylle herrschte. Da waren Väter, die jungen Mädchen und Frauen nachglotzten, schimpfende Mütter, streitende Ehepaare, kreischende Kinder, die sich zu Boden warfen und Eltern, die heillos überfordert waren.

Ich muss gestehen, für mein schlechtes Gewissen als geschiedene Rabenmutter taten mir diese Szenen gut.

Dagegen waren wir drei die reinste Bilderbuchfamilie. Wir hatten unseren Spaß, und meine Kinder durften ihr Eis verkleckern, ohne dass ich deshalb die Fassung verlor.

An diesem Abend brachte ich meine kleine Rasselbande zufrieden ins Bett. Es gab keinen Grund, unglücklich zu sein. Und meine Kinder waren es auch nicht. In vier Tagen würden sie wieder bei ihrem Papa sein. Manche Familienväter sahen ihre Kids auch nicht öfter. So schlimm konnte das also nicht sein.

Kapitel 25

Für den nächsten Tag hatte Frau Beerle einen Termin für mich in Stuttgart vereinbart, und ich hing auf der Fahrt dorthin meinen Gedanken nach. Der Herbst hatte den Sommer nun endgültig abgelöst, und ich fragte mich unwillkürlich, wie viele Sommer ich wohl noch allein, also versinglet, verbringen musste, bis ich meine große Liebe fand.

Zwar mangelte es mir nicht an Dates, aber irgendwie fehlte mir dabei immer etwas. Der ganz besondere Kick, das Kribbeln, es stellte sich nicht ein. Ich musste an einen Klienten denken, den ich im letzten Herbst getroffen und mit dem ich genau über dieses Thema gesprochen hatte.

Das erste Mal traf ich Herrn Lysie in einem Restaurant. Als ich hereinkam, winkte er mir diskret, aber unübersehbar zu. Zu dumm, eigentlich hatte ich zuvor noch die Toilette aufsuchen wollen, um meine Frisur zu richten. Der feuchte Herbststurm hatte mich ordentlich zerzaust.

Doch nun konnte ich Herrn Lysie unmöglich warten lassen. Bereits am Telefon war er ziemlich ungehalten gewesen und hatte die Terminabsprache sehr geschäftlich gehalten: »Guten Tag. Mein Name ist Lysie. Ich möchte einen Termin mit Ihnen vereinbaren. Ist Montag um 16 Uhr in Zürich für Sie in Ordnung?«

Ja, es war für mich in Ordnung. Ich beschrieb ihm noch

kurz, wie er mich erkennen würde, und bevor ich mich verabschieden konnte, hatte er schon aufgelegt.

Männer verhielten sich häufig so, wenn sie zum ersten Mal bei mir anriefen. Cool, kurz, knapp, als wollten sie sagen: »Ich rufe zwar bei einer Partnervermittlung an, aber nötig habe ich es nicht, es ist eher eine Art Luxus, den ich mir leiste.« Diese Männer versuchten alles, um das persönliche Gespräch sachlich zu halten, mit einem Hang zur Arroganz. Ich tat dann so, als sei mein Gegenüber der freundlichste und gesprächsbereiteste Mensch der Welt. Im Schnitt brauchte ich etwa fünf Minuten, um ihn zum Plaudern zu bewegen. Nach etwa acht Minuten redete er freundlich und offen mit mir über seine privatesten Gefühle.

Mit Herrn Lysie unterhielt ich mich schon seit fünfzehn Minuten. Oder besser gesagt: Ich führte einen Monolog. Ich schaffte es nicht einmal, ihn zum Lächeln zu bewegen. Entweder war ihm diese Situation unendlich peinlich, oder er war wirklich so ein Stoffel, unfähig zu kommunizieren.

Die Informationen, die er mir gab, waren sehr dürftig. Er war 42 Jahre alt, seit Kurzem geschieden, hatte zwei erwachsene Kinder, war sehr reisefreudig, sportlich, naturliebend und von Beruf Controller bei einer der größten Aktiengesellschaften Deutschlands.

Seine Vorstellungen über seine zukünftige Partnerin waren ebenso dürftig und eher banal: Sie sollte einfach gut zu ihm passen. Aber wer passt schon zu einem so schweigsamen Gesellen?

Als gar nichts mehr ging, musste ich mir etwas einfallen lassen und stellte nur noch Fragen, auf die er nicht einfach mit »Ja« oder »Nein« antworten konnte.

»Wohin ging denn Ihre letzte Reise?«, fragte ich ihn sehr freundlich und lächelte ihn dabei an.

»Rein geschäftlich nach Budapest. Na ja, fast rein geschäftlich. Ich lasse mir dort einmal im Jahr Schuhe anfertigen«, antwortete er knapp und wirkte gelangweilt dabei.

Unwillkürlich warf ich einen Blick auf seine Schuhe. Und erinnerte mich an einen Artikel, den ich am Tag zuvor in einem Männermagazin gelesen hatte. Das konnte mein Trumpf sein.

»Ach, sind die aus Pferdeleder? Die Nähte sind wirklich wunderbar. Sind das diese Schuhe, die man jahrelang tragen kann, weil die Qualität so einzigartig ist?«, fragte ich ihn ehrlich interessiert.

Er sah mich erstaunt an und lächelte. Tatsächlich. Er strahlte geradezu. Und dann kam das Tollste. Er hob in diesem feinen Restaurant seinen Fuß, um mir seinen Schuh zu zeigen.

»Das müssen Sie sich ansehen. Diese Nähte, wirklich wunderbar, nicht wahr?! Und hören Sie mal, man kann das Leder hören. Diesen Schuh besitze ich jetzt schon seit fünf Jahren. Ist er nicht traumhaft? Jedes Jahr kommt ein neues Paar hinzu. Ich habe in meinem Haus extra ein Schuhzimmer eingerichtet. Man sollte handgemachte Schuhe nur einen Tag lang tragen. Danach benötigen sie eine Atempause und eine gründliche Behandlung mit entsprechender Creme«, erzählte er voller Begeisterung.

Na bitte, es ging doch! Er erzählte mir von seinem privaten Schuster, seiner Ehe und seinen Kindern. Heiter und gelöst, er war kaum noch zu bremsen. Er lachte sogar und wirkte plötzlich attraktiv. So lange hatte ich noch nie gebraucht, um an ein paar Informationen zu kommen, aber am Ende wusste ich alles, was ich wissen musste. Ich muss nicht extra erwähnen, dass er sich von seiner Zukünftigen wünschte, dass sie Wert auf gutes und elegantes Schuhwerk legte.

Der erste Vorschlag, den ich ihm ein paar Tage danach unterbreitete, war eine sehr liebenswürdige, attraktive 35-jährige Designerin. Die beiden gingen zweimal miteinander essen, unterhielten sich, wie er sagte, sehr kultiviert, aber der Funke sprang nicht über.

Zwischenzeitlich hatte ich Sybille Marders kennengelernt. Sie war ein wahres Temperamentsbündel! 40 Jahre alt, zweimal fröhlich geschieden und noch nie berufstätig gewesen – »Ich hatte einfach immer Glück«, sagte sie nur lapidar. Vor Kurzem erst war sie nach Düsseldorf gezogen. Das Gespräch mit ihr lief sehr angenehm, locker und lustig und war sehr informativ. Sie wollte einen Mann ab 50 kennenlernen. »Auf keinen Fall sollte er jünger sein als ich, ich hatte immer ältere Partner.«

In Gedanken suchte ich nach einem passenden Partner. Ältere Männer – das Thema war mir ja zur Genüge bekannt – hatte ich natürlich genug. Aber welcher dieser Herren war einer temperamentvollen Frau wie ihr gewachsen? Während ich noch überlegte, sagte sie den entscheidenden Satz: »Ach ja, ich habe einen absoluten Schuhtick.« Daraufhin hob sie tatsächlich ihren Fuß, um mir einen wunderschönen knallroten Stiefel zu zeigen. »Ich gebe ein Vermögen für Schuhe aus, und manchmal lasse ich mir sogar welche anfertigen. Gerade wenn die Stiefel so spitz sind, hat man bei den handgemachten das Gefühl, als würde man in Pantoffeln laufen.«

Das Stichwort war gefallen. Ich würde ihr Herrn Lysie vorstellen. Wenn die beiden sich nicht um den Hals fielen vor Begeisterung, wollte ich meinen Beruf aufgeben. Auf der anderen Seite waren ihre Temperamente so unterschiedlich, und sie hatte ja ausdrücklich einen Mann gewünscht, der deutlich älter war als sie und nicht nur zwei Jahre, wie es bei Herrn Lysie der Fall war. Egal, ich ließ es darauf ankommen.

Drei Monate hörte ich nichts von den beiden. Ich hatte ein schlechtes Gewissen. War das ein gutes oder ein schlechtes Zeichen? Wahrscheinlich fanden beide meinen Vorschlag so unpassend, dass sie keine weiteren Angebote mehr von mir wollten.

Ich musste die Sache ausbügeln und mich entschuldigen.

Ich beschloss, zuerst sie anzurufen.

»Guten Tag, Frau Marders. Wie geht es Ihnen?«, fragte ich vorsichtig und hielt den Atem an.

»Ja, das gibt's doch gar nicht, dass Sie jetzt anrufen!«, rief sie fröhlich ins Telefon. »Ich wollte mich schon die ganze Zeit bei Ihnen melden. Es gibt viel zu erzählen!«

Und schon legte sie los. Sie sagte mir, dass sie zunächst richtig verärgert gewesen sei, als sie den Brief mit dem Vorschlag erhielt. Herr Lysie passte schließlich gar nicht in ihr Bild. Da sie aber eine optimistische und kluge Frau war, überlegte sie, dass ich mir wohl irgendetwas dabei gedacht haben musste. Also beschloss sie, diesen Herrn Lysie zu treffen.

Sie hatten eine Bar als Treffpunkt ausgemacht, wollten dort einen Aperitif nehmen und von dort aus in ein Restaurant gehen. Als er auf sie zukam, war sie schockiert. Er war wirklich ganz und gar nicht ihr Typ! Sie überlegte sogar kurz, ob sie schnell fliehen sollte, beschloss dann aber, Größe zu zeigen. Es zeigte sich, dass das eine weise Entscheidung war, denn nun folgte die größte Überraschung ihres Lebens. Das Dessert stand noch nicht auf dem Tisch, da hatte sie sich schon unsterblich verliebt.

»Stellen Sie sich das einmal vor«, sagte sie glücklich. »Er gefiel mir am Anfang überhaupt nicht. Ich war sogar so erschrocken, dass ich nicht mal mehr rauchen konnte. Und dann, je länger wir uns unterhielten, merkte ich, dass da plötzlich der Mann meines Lebens vor mir saß. Und ich hätte ihn fast wieder gehen lassen. Sie sind der größte Schatz der Welt! Ich weiß gar nicht, wie ich Ihnen danken soll. Ich bin ja so froh, dass Sie sich über meine Wünsche bezüglich des Alters hinweggesetzt haben.«

Ich freute mich sehr für sie. Und natürlich war ich auch froh, ihrer Schimpftirade entgangen zu sein. Da hatte ich also doch nicht so falsch gelegen.

»Ist die räumliche Entfernung zwischen Ihnen nicht problematisch? Wie oft haben Sie sich denn in den drei Monaten sehen können?«, fragte ich sie. »Düsseldorf und Zürich liegen ja nun nicht direkt beieinander.«

»Sie stellen die Frage falsch«, antwortete sie laut lachend. »Fragen Sie mich lieber, wie oft wir uns in den letzten drei Monaten nicht gesehen haben!«

Ja, und so war es. Für ihr erstes Date war er nach Düsseldorf geflogen. Anschließend hatte er sie gleich mit in die Schweiz genommen. Nur mal so für ein paar Tage, man wollte sich ja schließlich nicht gleich wieder trennen! Nach vier Wochen holte sie ihr restliches Gepäck ab und regelte ihre persönlichen Angelegenheiten.

Im Sommer darauf heirateten sie und waren beide unbeschreiblich glücklich. Er war immer noch der ruhige Typ und sie nach wie vor das liebenswerte Temperamentsbündel. Zu einem späteren Zeitpunkt gestand sie mir, wie froh sie sei, dass sie zu meiner Vermittlungsagentur gegangen sei. Sie hätte ihrem Mann nie eine Chance gegeben, wenn sie ihm einfach so begegnet wäre. Erst durch das »Zwangsessen« konnte sie ihn kennenlernen und verliebte sich gar in ihn.

Und wenn sie nicht gestorben sind … Nein, keine Sorge,

sie leben noch heute, und Sybille Lysie, wie sie jetzt heißt, ist eine wunderbare Freundin von mir geworden.

Der Wind rüttelte immer noch an meinem Auto, als ich Richtung Stuttgart fuhr. Also konnten Schuhe doch Glück bringen, dachte ich. Ich überlegte, ob denn tatsächlich nur die Schuhe der Auslöser dafür waren, dass ich die beiden miteinander bekannt gemacht hatte. Oder hatte ich eine Schwingung zwischen ihnen gespürt, die man mit Logik nicht erklären kann? Wie dem auch sei. Schicksalhaft war die Begegnung auf jeden Fall.

Kapitel 26

Die Kinder verbrachten das nächste Wochenende beim Vater, und ich war wieder einmal allein. Ich hatte gemütlich ausgeschlafen und fühlte mich frisch und erholt. Die Vögel zwitscherten, und es machte mir an diesem Tag fast gar nichts aus, allein zu sein. Nein, mir kam auf einmal ein phantastischer Gedanke: Wieder war ich meinem Traummann einen Tag näher gekommen. Er lebte ja schließlich irgendwo und, was ich sehr beruhigend fand, er suchte mich auch. Bestimmt freute er sich schon genauso auf unser Kennenlernen wie ich. Davon ging ich natürlich aus.

Beschwingt und hoffnungsvoll beschloss ich, an diesem Tag eine Wanderung zu unternehmen und meinen Traummann unterwegs zu visualisieren. Nach dem Frühstück fuhr ich in die Berge. Frische Luft, blauer Himmel und ein herrlich weiter Blick vom Gipfel – die perfekte Voraussetzung zum Träumen.

Nach vier Stunden Anstieg war ich körperlich erledigt, und meine Knochen schmerzten. Wie hatte ich nur denken können, dass ich, untrainiert wie ich war, diese Strecke lässig bewältigen würde? Ich fühlte mich völlig am Ende, war aber auch zufrieden mit mir. Der Berg war geschafft, genauso wie ich.

Zum Glück gab es am Gipfel eine kleine Almhütte, die geöffnet war. Es war höchste Zeit für eine ausgiebige Rast, meine Beine wollten keinen Schritt weiter. Als ich mich setzte, musste ich vor Schmerzen so laut stöhnen, dass alle Leute um mich herum sich umdrehten. Ich ignorierte sie und bestellte erst mal ein Radler. Pures Bier mochte ich noch immer nicht.

Während ich die Aussicht auf die umliegenden Berge genoss – ebenso wie das entspannte Sitzen –, stellte ich mir meinen Traummann vor.

Er war um die 40 Jahre alt und groß. Größer als ich, ein bisschen zumindest, denn bei meiner Größe von 1,81 Meter trug ich sowieso fast nie hohe Schuhe. Leider. Intelligent sollte er sein und einen interessanten Beruf haben. Natürlich musste er ledig sein oder geschieden – am besten ohne Kinder, denn die hatte ich ja selbst. Unbedingt humorvoll, mit einem angenehmen Charakter und ein Kinderfreund, außerdem sollte er wissen, was er wollte – und schnell herausfinden, was ich wollte.

Ich musste mit ihm reden können, über alles und jeden. Und sportlich sollte er sein, wobei ich mit Skifahren und Wandern schon zufrieden war.

Das war es auch schon. Ich wollte ja nicht die gleichen Fehler wie manch einer meiner Klienten machen – zu viel ausschließen und zu viel wünschen. Mir fiel in diesem Zusammenhang die Geschichte von Herrn Borchers ein, der mich mit seinen hohen Ansprüchen einige Nerven gekostet hatte.

Er war erfolgreicher Geschäftsführer einer großen internationalen Firma. Gebürtig stammte er aus Zürich, mit 18 Jahren war er aber bereits nach England und später nach Australien, Asien und Amerika gegangen. Zu dem Zeitpunkt, als ich ihn kennenlernte, war er 42 Jahre alt. Sein Erscheinungsbild war durchaus ansprechend: Er war ein großer, schlanker

Typ mit dunklen Haaren und schönen Augen und einem verschmitzten Lächeln, das darüber hinwegtäuschte, dass er hin und wieder auch sehr zynisch sein konnte.

Eine Frau aus der Schweiz kam für ihn nicht in Frage, erklärte er mir gleich zu Beginn. Die Schweizerinnen seien kleinkariert, könnten nicht über den Tellerrand schauen und wollten alle nur sein Geld. Er hatte offenbar nicht die besten Erfahrungen mit Frauen gemacht. Also beauftragte er mich, ihm seine zukünftige Frau vorzustellen.

Er hatte ganz präzise Vorstellungen von ihr: Sie sollte zwischen 28 und 35 Jahre alt sein, blond, groß, ledig und kinderlos. Er wollte nämlich nur eigene Kinder, fremde wären für ihn auf gar keinen Fall in Frage gekommen. Er legte außerdem Wert darauf, dass sie aus »gutem Haus« käme, mehrere Sprachen spräche, im Ausland gelebt und selbstverständlich studiert habe …

Nach zwei Stunden, ich hatte längst aufgehört mitzuschreiben, hatte er so ziemlich alle Attribute, die ich in Bezug auf Partnerwünsche je gehört hatte, aufgezählt.

»War das alles?«, fragte ich ihn ironisch.

»Ja, ich glaube, das Wichtigste habe ich Ihnen gesagt«, antwortete er kühl. »Kann ich in den nächsten Tagen mit Ihrem ersten Vorschlag rechnen?«

Na sicher, kein Problem! Die Frau, die er wollte, war bestimmt leicht zu finden.

Es war mal wieder unumgänglich, ein ernstes Grundsatzgespräch über realistische Partnerwünsche zu führen, und glücklicherweise nahm er einige Anregungen auch an. Hier und da korrigierten wir seine Vorstellungen ein wenig, ließen den einen oder anderen Wunsch weg, und ich redete ihm am Ende noch einmal ins Gewissen, ein bisschen toleranter und geduldiger zu sein.

Ein paar Tage später konnte ich ihm tatsächlich die erste Kandidatin präsentieren. Anja war 35 Jahre alt, von Beruf Sportlehrerin, ledig und eine außergewöhnliche, liebenswerte, attraktive Frau. Ich würde sagen, sie entsprach, wenn man das überhaupt so ausdrücken kann, zu etwa 60 Prozent seinen Vorstellungen. Das reichte ihm natürlich nicht. Der Funke sprang nach dem ersten Treffen bei ihm nicht über.

Erfolgreiche Menschen zeichnen sich meistens nicht durch große Geduld aus, das war auch bei ihm der Fall. Er beschloss, selbst aktiv zu werden und hatte eine interessante Idee: Er lud zu einem Abendessen ein und dachte sich eine besondere Regel dafür aus. Jeder der Gäste musste einen weiteren Gast des anderen Geschlechts mitbringen. Der Clou dabei: Keiner der anderen durfte den mitgebrachten Gast kennen.

Da er sich mit Anja, auch wenn es nicht gefunkt hatte, gut verstanden hatte, lud er auch sie zu seinem Abendessen ein. Sie kam mit einem alten Schulfreund und brachte noch ihren Bruder mit. Der wiederum kam in Begleitung seiner Assistentin Juliane, einer aparten Brünetten mit einer dreijährigen Tochter und einem vierzehnjährigen Sohn.

Es wurde ein spannender Abend. Für alle Gäste. Und nicht nur das: Für meinen Klienten und für Juliane war er der Beginn einer großen Liebe. So geht es eben manchmal im Leben, ganz anders, als man es sich vorgestellt hatte, aber trotzdem perfekt.

Anja fand übrigens nach sechs weiteren Partnervorschlägen auch ihr Glück. Holger war 45 Jahre alt, geschieden und überglücklich, sie gefunden zu haben. Für ihn war Anja der fünfzehnte Vorschlag gewesen. Ich hatte ihn noch überreden müssen, sie zu treffen, da er schon aufgeben wollte. Die beiden heirateten ein Jahr später.

Natürlich wollte ich Herrn Borchers einen Teil seines Honorars zurückzahlen, denn er hatte ja nur einen Vorschlag von mir bekommen. Er sah das jedoch anders. Erstens hätte ich ihm bei unserem ersten Gespräch ordentlich »den Kopf gewaschen«, zweitens hätte er ohne Anja nie Juliane kennengelernt, und drittens hätte er durch mich zumindest eine sehr gute Freundin fürs Leben gefunden.

Da widersprach ich ihm nicht, und Frau Beerle machte wieder einmal zwei Striche auf unserer großen »Diese Paare haben sich gefunden«-Tafel.

Ein Blick auf die Uhr verriet mir, dass es langsam Zeit wurde, sich an den Abstieg zu machen. Meine Oberschenkel schmerzten so sehr, dass ich die Wanderung schon bereute. Andererseits hatte dieser Ausflug mir auch sehr gutgetan. Endlich hatte ich mal wieder völlig ungestört meinen Gedanken nachhängen können.

Und dabei war mir noch eine Idee gekommen: Warum sollte ich es nicht auch mal mit einem Abendessen wie dem bei Herrn Borchers ausprobieren? Ich könnte meine Freundinnen bitten, beim nächsten Treffen einen männlichen Bekannten mitzubringen. Sicherlich kannten wir alle jemanden, den wir noch nicht vorgestellt hatten.

Die Idee gefiel mir, und so rief ich, als ich wieder zu Hause war, Maggie und Veronica an. Da ich keine große Lust hatte, für so viele Leute zu kochen, schlug ich vor, dass wir uns am Samstagnachmittag in einem Café in der Innenstadt treffen würden. Zwar dauerte es ein bisschen, bis die beiden das Prinzip verstanden hatten, danach waren sie jedoch begeistert. Also verabredeten wir uns für den nächsten Samstag in der Markusbar.

Kapitel 27

Ein paar Tage später hatte ich einen Termin mit einer jungen Frau, die mich um Hilfe bei ihrer Partnersuche gebeten hatte. Sie war im Vergleich zu meinen anderen Klienten mit ihren 30 Jahren noch sehr jung, hatte sich aber bereits ein eigenes kleines Schuhgeschäft in der Innenstadt aufgebaut.

Als sie das erste Mal zu mir ins Büro kam, wusste ich zunächst gar nicht, wie ich sie einschätzen sollte. Nadine sah aus wie ein Model, hatte lange blonde Locken, ein wunderschönes Gesicht, tiefblaue große Augen und eine phantastische Figur. Ihr Aussehen und ihre anmutigen Bewegungen ließen sie wie ein Engel wirken.

Sie erzählte mir aus ihrem Leben. Fünf Jahre zuvor hatte sie im Urlaub ihre große Liebe kennengelernt. Er war Medizinstudent gewesen und hatte 500 Kilometer von ihr entfernt gewohnt. Zum Glück besuchte er sie jedes dritte Wochenende und verbrachte einen Teil der Semesterferien bei ihr, da sie wegen ihres Geschäftes gebunden war.

Es waren glückliche, unbeschwerte Jahre, und sie freute sich sehr auf eine gemeinsame Zukunft mit ihm.

Sobald er fertig studiert hatte, wollte er zu ihr ziehen, seine Assistenzzeit absolvieren und dann promovieren. Später wollten sie heiraten und eine Familie gründen. Damit er sich voll und ganz auf sein Studium konzentrieren und nebenher so viel Zeit wie möglich mit ihr verbringen konnte, finanzierte sie ihm das Studium. Es machte ihr nichts aus. Sie liebte ihn, und sobald er Arzt war und sie Kinder hätten, würde sich das wieder ausgleichen.

Die Welt war für sie in Ordnung. Und es sollte sogar noch besser kommen: Er bekam ein Angebot, in fünf Jahren eine Praxis zu übernehmen. Sie willigte ein, ihm die 100 000 Euro Anzahlung dafür zur Verfügung zu stellen – sie hatte gerade eine größere Erbschaft gemacht. Die Praxis war für beide schließlich eine Investition in die Zukunft.

Eines Tages hatte sie die Idee, ihn zu überraschen. Da sie noch immer in zwei verschiedenen Städten lebten und sie große Sehnsucht nach ihm hatte, setzte sie sich ins Auto und fuhr zu ihm. Das hatte sie vorher noch nie getan. Bisher hatte er sie nämlich immer davon abgehalten. Er sagte, er wolle ihr seine Studentenbude nicht zumuten.

Als sie ankam, glaubte sie zuerst, dass sie sich in der Adresse geirrt haben musste. Sie stand vor einer imposanten Villa. Das musste ein Irrtum sein. Aufgeregt klingelte sie und stand im nächsten Moment einer attraktiven jungen Frau gegenüber.

Es stellte sich bald heraus, dass diese Frau, die aus einer vermögenden Familie stammte, schon seit vielen Jahren seine Freundin war. Auch sie finanzierte übrigens sein Studium, und auch sie hatte ihm das Geld für die zu übernehmende Praxis gegeben. An den Wochenenden, die er bei Nadine verbrachte, erzählte er seiner Freundin, er würde seine armen, kranken Eltern besuchen. Für die lange Zeit, die er jedes Mal in den Semesterferien weg gewesen war, hatte er wiederum Nadine erzählt, im Ausland als Tennislehrer zu arbeiten. Beide Frauen hatten tatsächlich nichts gemerkt und keine Ahnung von der Existenz der anderen gehabt.

Nachdem Nadine mir von ihrer Vergangenheit erzählt hatte, füllten wir gemeinsam den Fragebogen aus. Zuerst spürte ich ihren Enthusiasmus, doch dann wurde sie immer ruhiger und einsilbiger. Ich fragte sie, was los sei. Schließlich gab es bei ihr gar keinen Grund zur Sorge, ich würde sicherlich bald einen passenden Mann für sie finden.

Sie druckste ein bisschen herum und rang um Worte. Schließlich sagte sie ganz leise: »Ich bin im vierten Monat schwanger!«

Oje, das änderte natürlich alles. Ich strich in Gedanken alle Männer, die ich ihr vorstellen wollte, einen nach dem anderen von der Liste. Es blieb keiner übrig. So einen Fall hatte ich bisher noch nie gehabt. Frauen, die schon Kinder hatten, ja. Männer, die die Kinder der neuen Partnerin akzeptierten, auch. Bei vielen war das sogar gar kein Problem. Aber ein Mann, der eine schwangere Frau kennenlernen wollte, die gerade das Kind eines anderen austrug?

»Das ist ja auch der Grund, warum ich zu Ihnen gekommen bin«, sagte sie verzweifelt. »Wissen Sie, ich war noch nie in meinem Leben allein. Ich hatte auch nie Probleme, jemanden kennenzulernen. Aber jetzt ...« Sie fasste an ihr kleines Bäuchlein und sah einfach bezaubernd aus.

Niemals hätte ich sie einfach so gehen lassen können. Ohne Hoffnung. Also traf ich eine Verabredung mit ihr: Sie zahlte mir zunächst kein Honorar, aber ich würde trotzdem für sie arbeiten. Erst wenn sie ihren Partner über mich finden würde, wäre das Honorar fällig. Per Handschlag schlossen wir unseren Vertrag. Sie strahlte wieder etwas Zuversicht aus – und ich hoffte, dass sie meine Zweifel nicht bemerken würde.

Auch Frau Beerle und Veronica waren skeptisch, dass wir einen passenden Partner für Nadine finden würden. Wir gingen unsere gesamte Kartei durch, leider tatsächlich ohne

Ergebnis. Also beschloss ich, eine Anzeige für sie zu schalten:

> **Bezaubernde junge Frau, 30/168,**
> sehr attraktiv, mit wunderschönen langen Locken. Sie ist das, was »Mann« im Allgemeinen als seine Traumfrau bezeichnen würde: vielseitig, mehrsprachig, sportlich, reisefreudig und ... im fünften Monat schwanger. Gerne mache ich Sie miteinander bekannt. Rufen Sie an unter ...

Mein Büroteam hielt mich für verrückt. Wer sollte sich darauf schon melden? Wäre die Angelegenheit nicht so traurig gewesen, wir hätten sicher Wetten abgeschlossen.

Das Wochenende kam und damit die Anzeige in der Zeitung. Ich war gespannt, was passieren würde.

Bis zum Montag hatten sich mehr Herren gemeldet, als wir zu hoffen gewagt hätten. Die Motive der Männer waren ganz unterschiedlich. Bei einigen hatten wir den Beschützerinstinkt geweckt, andere, die selbst keine Kinder zeugen konnten, waren begeistert von der Möglichkeit, eine Schwangerschaft und eine Geburt gemeinsam mit einer Partnerin zu erleben, und so weiter.

Beim siebten Partnervorschlag trat Amor in Aktion: Er hieß Joachim und war Inhaber einer Versicherungsagentur, 38 Jahre alt und zeugungsunfähig. Bei ihm war es Liebe auf den ersten Blick, und auch Nadine war von Anfang an begeistert. Sie heirateten noch vor der Entbindung.

Bei der Geburt »seiner« Tochter war Joachim selbstverständlich dabei und nahm sie anschließend durch Adoption als sein Kind an. Vier Jahre später krönte diese Liebe noch ein gemeinsamer Sohn. Ja, es hatte tatsächlich geklappt! Die Ärzte hatten ihm zwar nur eine minimale Restchance eingeräumt, dass er jemals ein Kind zeugen würde. Beide hatten aber trotzdem von Anfang an daran geglaubt, dass es gelingen würde. Und wie man sah, konnte der Glaube Berge versetzen.

Seit dieser Erfahrung war ich davon überzeugt, für jeden, der zu mir kam, zumindest irgendetwas tun zu können.

Kapitel 28

Es wurde Samstag und damit Zeit für das »Experiment Markusbar«. Ich hatte lange überlegt, wen ich als Begleitung mitbringen würde, und schließlich war meine Wahl auf Hannes gefallen. Ich kannte ihn aus dem Fitnessstudio, in dem ich trainierte, und hatte mich ein paar Mal sehr nett mit ihm unterhalten. Meine Einladung hatte er zu meiner großen Freude gleich angenommen.

Nun war ich gespannt, was dieser Tag bringen würde. Pünktlich um 13 Uhr saß ich in der Markusbar. Allein. Ich setzte mich an den größten Tisch, was mir ein bisschen peinlich war. Die Kellnerin wollte wissen, ob noch mehr Leute kämen, wegen des großen Tisches. Um 13.30 Uhr saß ich immer noch allein da und war mittlerweile kurz davor, wieder zu gehen. Wenn das nicht noch peinlicher gewesen wäre …

Endlich kam Hannes, und gleichzeitig mit ihm Veronica, deren fremder Begleiter schon die ganze Zeit am Nebentisch gesessen hatte. Ein paar Minuten später traf auch Maggie mit ihrem »Fremden« im Schlepptau ein. Ich war erleichtert.

Sie hatte Mike mitgebracht. Mike war 48 Jahre alt, geschieden, Galerist und obendrein ein begnadeter Tänzer. Veronica und ich waren entzückt. Ein Mann, der tanzen konnte!

Veronica hatte Steffis dabei, ihren Zahnarzt. Steffis war 39, geschieden – das schien eine wahre Epidemie zu sein – und hatte eine vierjährige Tochter.

Da saßen wir nun und schauten einander verlegen an. Alle

warteten darauf, dass einer das Eis brechen würde. Natürlich war es Maggie. Sie hatte mittlerweile ihren zweiten Sekt auf nüchternen Magen getrunken und machte einen Vorschlag: »Also ich habe einen ordentlichen Hunger. Wie sieht es aus, wollen wir etwas essen?« Sie sah fragend und mit mittlerweile etwas glasigen Augen in die Runde. Wir hatten alle Hunger und außerdem endlich einen Vorwand, nicht reden zu müssen.

Es war schon merkwürdig: Ich hatte noch kein Gericht von der Speisekarte ausgewählt, aber schon in Gedanken die Frage geklärt, ob ich Steffis oder Hannes heiraten wollte. Ich entschied mich für keinen von beiden und wurde auf der Stelle locker. Warum nur denkt jeder Single, sobald er das andere Geschlecht erblickt, automatisch ans Heiraten oder zumindest überlegt, ob es etwas werden könnte? Ich stellte diese Frage an die Runde.

Und stieß auf Unverständnis damit. Nur Veronica dachte auch ans Heiraten. Das wiederum erstaunte mich jetzt. Wir hatten schon so viel miteinander geredet, aber dass sie noch einmal heiraten wollte, war mir nicht bewusst gewesen.

Maggie antwortete auf die Frage mit ihrem üblichen Temperament. »Da wäre ich ja verrückt! Jetzt bin ich frei – und habe trotzdem Sex. Das ist doch viel besser!« Wir sollten ihr wohl in Zukunft nicht mehr so viel Alkohol geben.

Die drei Männer sahen sie amüsiert an. Und auf einmal war der Bann gebrochen. Wir fingen an zu reden, und wir hatten Spaß. Es wurde ein wunderbarer, fröhlicher Nachmittag mit lustigen und interessanten neuen Bekannten. So ein Single-Leben konnte doch auch seine guten Seiten haben!

»Wie wäre es, wenn wir alle versuchen, einen Partner zu finden, und zwar jeder auf eine andere Art? Und jeder berichtet den anderen von seinen Erfahrungen«, schlug Veronica auf einmal vor.

»Gute Idee, und ich kann als Erster berichten«, antwortete Hannes. »Vor drei Wochen habe ich nämlich eine Kontaktanzeige aufgegeben und gestern die erste Post bekommen. Wenn ich die Briefe ausgewertet habe, werde ich euch von meinen Erfahrungen berichten.«

Wir waren alle gespannt, was er uns wohl zu erzählen haben würde.

Kapitel 29

Eine Woche später, es war an einem Montagmorgen, rief mich Veronica aufgeregt an und wollte unbedingt zum Frühstück vorbeikommen. Sie hätte mir etwas ganz Wichtiges zu erzählen. Was das wohl sein konnte? Am Telefon war nichts aus ihr herauszukriegen, also wartete ich gespannt auf ihren Besuch.

Als sie die Treppe heraufkam, sah ich schon von weitem ihr strahlendes, glückliches Gesicht. Offenbar waren es gute Neuigkeiten, die sie mitgebracht hatte.

Sie hatte kaum Platz genommen, da sprudelte es auch schon aus ihr heraus:

»Stell dir vor, am Freitag bin ich nach der Arbeit in die Waschanlage gefahren, weil ich schon gar nicht mehr die Farbe meines Autos erkennen konnte. Es sah wirklich übel aus, deshalb dachte ich, wenn ich schon mal hier bin, kann ich es auch gleich richtig gründlich sauber machen. Also habe ich mir einen Staubsauger geschnappt und mich an die Arbeit gemacht.

Irgendwann parkte ein anderer Wagen neben meinem, und ein Mann stieg aus und fing an, seine Scheiben zu säubern. Ich sah ganz unauffällig zu ihm hinüber und bekam schon wackelige Knie. Er sah großartig aus! Er schaute auch in meine Richtung, und wir nickten uns höflich zu. Er sagte etwas wie ›Bei dem schönen Wetter das Auto putzen ist ja eigentlich viel zu schade‹, und ich stimmte ihm zu.

Auf einmal sah er mich an und lächelte. Dann sagte er: ›Eigentlich sollte man bei dieser herrlichen Sonne lieber am See sitzen und es sich gutgehen lassen. Aber alleine macht das keinen Spaß …‹

Es war natürlich total offensichtlich und durchschaubar, und erst dachte ich, der könnte sich ruhig ein bisschen mehr Mühe geben, wenn er mich schon anbaggern will. Aber dann sagte ich mir, dass es ja auch nicht gerade leicht ist, eine wildfremde Frau anzusprechen. Viele reagieren vielleicht gleich schroff und abweisend, und wer fängt sich schon gerne einen Korb? Also habe ich mir ein Herz gefasst und zu ihm gesagt: ›Ich würde sofort mitgehen.‹«

Veronica sah mich triumphierend an.

»Dass du dich das getraut hast!«, wunderte ich mich.

»Ja, nicht wahr? Und dann sind wir zum See gefahren und dort den ganzen Nachmittag geblieben. Abends hat er mich zum Essen eingeladen. Ich kann es noch gar nicht glauben, aber ich habe mich unsterblich verliebt! Er heißt Frank und arbeitet als Journalist. Leider war er nur auf der Durchreise, denn er lebt in München. Aber er hat häufiger hier in der Gegend zu tun.«

»Mensch, dich muss es ja wirklich voll erwischt haben«, scherzte ich.

»Das kann man wohl sagen. Am Freitag kommt er wieder. Kann ich das nächste Wochenende frei haben?«, flehte sie mich ironisch an.

Natürlich gab ich ihr frei. Ich freute mich für sie und schickte ein Stoßgebet zum Himmel, dass sie diesmal mehr Glück haben würde. Es hatte so lange gedauert, bis sie über Alexander hinweggekommen war, und was sie über Frank erzählte, klang einfach zu perfekt!

Eine Stunde später kamen wir ins Büro, wo Frau Beerle schon aufgeregt auf uns wartete. Es war offenbar ein Tag der Überraschungen.

»Guten Morgen«, begrüßte sie uns. Und noch bevor wir die Jacken ausgezogen hatten, sagte sie: »Herr Giese hat eben angerufen. Sie erinnern sich doch noch an ihn?«

Und ob ich mich an ihn erinnern konnte!

Herr Giese war ein echter Frauentyp: 55 Jahre alt, sportlich und 1,86 Meter groß. Er sah einfach blendend aus, silbergraues Haar, ein markantes Gesicht, immer braun gebrannt und mit einem unglaublich charmanten Lächeln. Zudem war er stets ein überaus aufmerksamer Gentleman.

Als ich ihn kennenlernte, saß er allerdings wie ein Häufchen Elend vor mir. Und er hatte allen Grund dazu: Herr Giese war seit seinem zwanzigsten Lebensjahr mit seiner Frau zusammen gewesen. Die Ehe war glücklich, und er liebte sie über alles. Trotzdem war es im Laufe der Jahre mehrmals vorgekommen, dass er sie mit anderen Frauen betrog. Es waren immer nur kurze Affären, die ihm nichts bedeuteten. Ihm gefielen daran einfach das Abenteuer und der Reiz des Verbotenen.

Seine Frau hatte wohl früh eine Vorahnung gehabt, denn am Abend vor ihrer Hochzeit hatte sie ihm für ihre gemeinsame Ehe eine Warnung mit auf den Weg gegeben: »Wenn du mich auch nur einmal betrügst, verlasse ich dich auf der Stelle.« Ihm war durchaus klar gewesen, dass sie das ernst meinte, und trotzdem stürzte er sich immer wieder in neue Abenteuer.

Bis eines Tages eine seiner Affären, eine attraktive junge Frau, die ihn leicht um den Finger gewickelt hatte, seine Frau informierte.

Es folgte darauf kein Drama, es gab keine Tränen und keine Szene. Sie zog einfach aus. Als er nach Hause kam, fand er auf dem Küchentisch ihren Ehering und einen Zettel, auf dem nur ein Satz stand: »Du hast mich betrogen.«

Das Ganze war zu dem Zeitpunkt, als ich Herrn Giese kennenlernte, bereits ein Jahr her. Er hatte sie seitdem kein einziges Mal wiedergesehen. Sie hatte einfach die Scheidung eingereicht, und nun regelten die Anwälte alles Weitere. Er war mit allem einverstanden und gab die Hoffnung nicht auf, dass sie doch noch zu ihm zurückkommen würde. Was sie aber nicht tat. Ich habe selten einen Mann erlebt, der einen Fehler so sehr bereute wie er.

Mittlerweile hoffte er nicht mehr auf eine Versöhnung, stattdessen wollte er sein Leben neu ordnen und natürlich auch nicht mehr allein sein.

Es war nicht schwer, passende Frauen für Herrn Giese zu finden. Wir unterbreiteten ihm einen Vorschlag nach dem anderen, doch keiner davon berührte wirklich sein Herz. Er hatte sich noch immer nicht von seiner Ex-Frau gelöst und suchte das exakte Ebenbild von ihr. Ich musste unbedingt mit ihm sprechen und ihm sagen, dass es so nicht weitergehen konnte.

Der letzte Vorschlag, den er von mir bekommen hatte, war Brigitte Kanter. Eine sehr aparte, jugendlich wirkende, intelligente und zielstrebige Frau Mitte fünfzig. Obwohl sie fast gleichaltrig waren, wirkte sie bedeutend jünger als er. Wahrscheinlich lag das an ihrem Job. Sie war Inhaberin einer Boutique und verkaufte Mode für junge Leute. Eigentlich wollte ich erst mit ihm sprechen, bevor ich sie ihm vorstellte, um ihm noch einmal ins Gewissen zu reden. Wir fanden jedoch keinen Termin.

Also traf er sie, ohne vorher mit mir gesprochen zu haben, und an diesem Morgen hatte er gleich in der Früh in unserer

Agentur angerufen: Frau Kanter war die Liebe seines Lebens! Es hatte bereits gefunkt, als sie das erste Mal miteinander telefoniert hatten. Das war auch nicht weiter verwunderlich – denn Brigitte war seine Ex-Frau!

»Kannst du dich noch an Frau Kanter erinnern?«, fragte Veronica mich. »Und warum sie zu uns kam?«

»Ja. Sie erzählte uns damals, ihr Mann habe sie betrogen, und sie hatte die Nase voll. Dann hat sie ihn verlassen und die Boutique eröffnet. Oje, und wir haben ihr ihren eigenen Ex-Mann vorgeschlagen!«, sagte ich erschrocken.

»Keine Sorge«, erwiderte Frau Beerle. »Sie war sehr glücklich vorhin am Telefon. Sie sagte, er werde mit Sicherheit nie wieder fremdgehen und nun seine letzte Chance nutzen.«

»Da wäre ich mir aber nicht so sicher. Diesmal ist er vielleicht vorsichtiger«, sagte ich skeptisch.

»Ach was«, sagte Veronica. »Er wird seine Frau nie wieder betrügen.«

»Seine Ex-Frau meinst du wohl. Oder haben sie etwa schon wieder geheiratet?«, fragte ich halb im Scherz.

»Noch nicht«, grinste Frau Beerle und holte die »Sie haben sich gefunden«-Tafel heraus. »Aber in zwei Wochen ist es so weit.«

»Warum auch nicht«, sagte Veronica, »die beiden wissen ja, auf wen sie sich da einlassen. Nach dreißig Jahren Ehe kennt man sich schließlich.«

Was für ein Zufall, niemals hätte ich das für möglich gehalten. Frau Kanter hatte nach der Scheidung wieder ihren Mädchennamen angenommen und war in eine andere Stadt gezogen. Für uns war dadurch in keiner Weise ersichtlich, dass die zwei jemals verheiratet gewesen waren. Aber nachdem ich Frau Kanter getroffen hatte, war ich zwar völlig überzeugt davon, die Richtige für Herrn Giese gefunden zu haben.

Als sie von uns den Vorschlag per Brief erhalten hatten, waren beide zuerst schockiert. Doch er reagierte hervorragend: Er schickte ihr einen riesigen Strauß Rosen und lud sie zwei Tage später zum ersten Rendezvous in eine Bar ein. Bei diesem Treffen taten beide so, als würden sie sich zum ersten Mal sehen. Wie bei einem richtigen Date! Er warb um sie. Sie warb um ihn. Fast wie im Märchen. Beide waren unglaublich dankbar für das wiedergefundene Glück.

In der Zwischenzeit war auch ihr schmerzlich bewusst geworden, was sie durch die Trennung verloren hatte. Trotzdem hatte ihr Stolz nicht zugelassen, wieder mit ihm in Kontakt zu treten.

Das Schicksal hatte mal wieder ordentlich seine Hände im Spiel gehabt. Wir freuten uns sehr über diesen Erfolg. Und stellten wieder einmal fest, dass man sich mit Sturheit das Leben unnötig schwer machen kann.

Kapitel 30

Wie schwer es doch sein konnte, jemanden zu finden, mit dem man glücklich werden konnte. Der Prinz, der auf dem weißen Ross daherkommt und in den man sich auf den ersten Blick verliebt. Die Realität sah ganz anders aus: Wenn tatsächlich der Prinz seiner Prinzessin über den Weg lief, dann konnte es gut sein, dass die beiden einander gar nicht erkannten. Weil sie mit Scheuklappen durchs Leben gingen, die ihnen der böse Zauberer Dubleibstallein aufgesetzt hatte. So konnten die Jahre ins Land gehen.

Auch Susanne Kostner war so eine Prinzessin auf der Suche nach dem Glück. Sie beschloss, dass sie ihrem Leben ohne Mann entkommen und endlich einen Partner finden wollte. Und zwar sofort!

»Frau Klein, wie lange dauert es, bis ich von Ihnen den ersten Partnervorschlag bekomme?«, fragte sie mich schon bei unserem ersten Telefonat ungeduldig.

»Zuerst möchte ich Sie kennenlernen, um zu wissen, wer Sie sind und was Sie erwarten. Nach unserem persönlichen Gespräch dauert es dann etwa vier Tage, bis Sie das erste Rendezvous haben«, erklärte ich ihr den Ablauf.

Ein tiefer Seufzer am Ende der Leitung. »Gut, dann möchte ich einen Termin heute Nachmittag!« Nach diesem kurzen Gespräch war ich gespannt, was mich am Nachmittag erwarten würde.

Als Susanne Kostner an diesem Tag in mein Büro kam,

war ich überrascht. Eine so angenehme Erscheinung hatte ich nach diesem chaotischen Gespräch nicht erwartet. Sie hatte braune lange Haare, war groß und hatte eine tolle, sehr weibliche Figur. Sie begrüßte mich mit einem charmanten Lächeln.

»Bitte entschuldigen Sie meine Ungeduld vorhin, aber mich hat plötzlich die Verzweiflung gepackt. Wissen Sie, morgen werde ich 34 Jahre alt und bin immer noch Single.«

Ab jetzt war sie nicht mehr zu halten. »Beruflich bin ich voll zufrieden. Ich arbeite für eine Kosmetikfirma in der Kundenbetreuung. Ich reise viel und verbringe ein Drittel des Jahres in Hotels. Klar lerne ich häufig Männer kennen, aber viele leben in einer Beziehung, wohnen zu weit weg, na ja, und oft gefällt mir auch keiner. Wenn ich nach einem anstrengenden Tag nach Hause komme, kriegt mich so schnell niemand mehr vor die Tür. Ich liebe meine vier Wände und meinen Garten. Am Wochenende lade ich Freunde ein, koche für sie und bin froh, nicht im Restaurant essen zu müssen und Ruhe zu haben.

Aber morgen ist ein schrecklicher Tag. Morgen werde ich 34 und habe seit zwei Jahren kein Rendezvous mehr gehabt! Dabei würde ich so gerne eines Tages heiraten, Kinder bekommen und eine Familie haben.«

»Wie stellen Sie sich Ihren Traumpartner denn vor?«, fragte ich sie.

»Also, das ist einfach. Es sollte ein aufrichtiger, gebildeter, kinderlieber Mann mit viel Herz und Gefühl sein. Ich mag gerne blonde Männer, aber er darf natürlich auch braune oder dunkle Haare haben. Es wäre schön, wenn er wandern geht, Ski fährt, mit mir im Meer oder im See schwimmt. Ich liebe die Natur! Aus diesem Grund bin ich vor fünf Monaten an den Stadtrand gezogen. Da ist es wunderbar. Ich habe einen bezaubernden großen Garten. Er ist noch ziemlich verwildert, und ich bin in jeder freien Minute dabei, ihn zu verschönern.«

Sie machte eine Pause und sah mich verzweifelt an. »Haben Sie einen Mann für mich?«, fragte sie.

Einen? Ich hatte mindestens zwanzig!

»Ja, kein Problem«, beruhigte ich sie. Susanne war sichtlich erleichtert. Sie hatte mir ihren Wunschpartner so lebendig beschrieben, dass ich ihn mir richtig gut vorstellen konnte.

Nachdem ich Susanne fünf Vorschläge unterbreitet hatte, trafen wir uns zu einem Feedback. Irgendwie kamen wir nicht so richtig voran.

»Wie ist es Ihnen mit den Vorschlägen ergangen?«, erkundigte ich mich.

»Gar nicht so schlecht«, antwortete sie. »Die Männer hatten alle Eigenschaften, die ich mir wünschte. Trotzdem, der Funke ist bei mir nicht übergesprungen. Mir ist klar geworden, dass ich einen – wie soll ich das sagen? – verwegenen Mann möchte. Keinen glatten Karrieremenschen, sondern eher einen echten Naturburschen. Einen richtigen Mann, der mir im Garten auch mal die Büsche entsorgt und nicht gleich einen Gärtner beauftragt. Ein Mann, der auch mal schwitzen will. Ich kenne so viele Männer, die bei Hitze nicht mehr rausgehen, weil sie sonst schwitzen. Das macht mich wahnsinnig. Wie soll so jemand mit unseren Kindern herumtollen? Und wie würde erst der Sex mit ihm aussehen?«

Sie sah mich verzweifelt an. »Letzte Woche hat mich Herr Aster zum Essen eingeladen, meine Kollegin hatte das Date arrangiert. War das ein Theater: Er aß grundsätzlich kein Fleisch und wollte auch keinen Wein trinken. Er trinke nur zu besonderen Anlässen, sagte er! Klar, ich war keiner. Ich bestellte mir trotzdem ein Steak. Wissen Sie, was er darauf zu mir sagte: ›Ist dir bewusst, dass du Leichenteile isst?‹ So was Ekliges sagt dieser Mann vor dem Essen zu mir! Ich habe dann auf eine Fortsetzung dieses Rendezvous verzichtet und bin gegangen. Wenn das so weitergeht, werde ich nie einen Mann finden«, sagte sie aufgebracht.

»Ich bin mir sicher, dass wir den Richtigen für Sie finden«, beruhigte ich sie. »Nun, da ich noch ein bisschen mehr über Sie und Ihre Wünsche erfahren habe, kann ich Ihnen, glaube ich, bald einen neuen Vorschlag machen. Ich habe da etwas ganz Spezielles für Sie.«

Ich dachte an Christian. Er war 38 Jahre alt, ledig, arbeitete als freier Tierfotograf und entsprach genau dem Typ, den Susanne mir beschrieben hatte. Er hatte schwarze, halblange Locken, ein ausdrucksstarkes braun gebranntes Gesicht und tiefe Lachfältchen um die Augen. Seine braunen muskulösen Arme sahen aus, als könnten – und würden – sie Büsche tragen. Seit ein paar Monaten lebte er in Konstanz, hier wollte er seinen Traum von einer Familie realisieren.

Ich erzählte Susanne von ihm und schlug vor, dass sie ihn anrufen sollte. Die beiden telefonierten drei Nächte miteinander. Nach dem Date mit dem Fleischhasser wollte Susanne ähnliche Desaster ausschließen und sich nicht mehr unvorbereitet auf einen neuen Mann einlassen. In diesen drei Nächten hatten sich beide verliebt.

Durchs Telefon, aber dennoch stand für beide fest: Wenn er oder sie nicht total daneben war, hatten sie ihren Traumpartner gefunden.

Am vierten Abend bestand Christian darauf, Susanne endlich zu treffen. Sie verabredeten sich in einem italienischen Restaurant. Susanne hatte schon Platz genommen, als ein Mann das Lokal betrat, den sie seit einiger Zeit vom Sehen kannte. Er grüßte sie freundlich wie immer. Dann stutzte er, ging auf sie zu und fragte: »Bist du Susanne?«

»Ja, aber woher kennen Sie meinen Namen?«, erwiderte sie verdutzt.

»Ich bin Christian! Dein Date.«

Er war ihr Nachbar, sein Garten grenzte an ihren.

»Ja, aber was tust du hier?«, fragte er erstaunt. »Du bist doch verheiratet und hast ein Kind.«

»Nein, das bin ich nicht. Wie kommst du darauf?«, fragte sie.

»Letzten Sommer, bei dir im Garten. Da waren doch ein Mann und ein Kind«, antwortete er irritiert.

»Das war ein guter Freund. Der hat ein Kind und besuchte mich im letzten Sommer häufig. Aber du hast doch auch regelmäßig mit einer Frau bei dir im Garten gesessen. Ich dachte, das sei deine Freundin.«

»Nein, das ist eine Kollegin von mir. Sie macht die Texte zu meinen Bildern.«

Sie sahen einander völlig überrascht an. Natürlich waren sie sich schon oft begegnet. Ihre Gärten lagen ja nebeneinander. Beide hatten sich von Anfang an anziehend und sympathisch gefunden. Aber für beide stand fest, dass der andere in einer Beziehung war. Also hatten sie alles getan, um einander nicht näherzukommen. Man grüßte sich freundlich, und das war es auch schon.

Er war der Prinz, der vorbeigeritten kam, sie die Prinzessin, die im Garten auf ihn wartete. Manchmal kam er also doch vorbei. Einfach so. Nur erkennen musste man ihn natürlich.

Kapitel 31

Am nächsten Samstag verabredeten wir uns zu unserer zweiten Zusammenkunft in der Markusbar. Diesmal waren alle pünktlich, und um Punkt 13 Uhr saßen wir zusammen am Tisch.

Wir waren alle neugierig darauf, Hannes' Bericht über seine Erfahrung mit der Kontaktanzeige zu hören. Wie er uns vorher mitgeteilt hatte, hatte er knapp sechzig Briefe bekommen und in der Zwischenzeit zwei Blind Dates und etwa 15 Telefonate hinter sich. Bestimmt hatte er eine Menge zu erzählen.

Amüsiert sah er in unsere erwartungsvollen Gesichter und begann zu erzählen:

»Also, erst mal will ich euch den Text meiner Anzeige vorlesen.«

In meinem Herzen und in meinem Haus ist noch ein Platz frei.

Beruflich engagierter Mann, 42 Jahre alt und 1,86 Meter groß, möchte wieder das Wagnis der Liebe eingehen. Ich bin ein sportlicher Typ, liebe Skifahren, Fitness, Golfen, Wassersport etc. Musik höre ich von Klassik bis zum Rockkonzert, bin Kunstliebhaber, Sammler, reisefreudig und leidenschaftlicher Motorradfahrer. Ich freue mich auf eine intelligente, attraktive, gefühlsbetonte und anspruchsvolle Frau, die mit mir die Freizeit verbringt und bereit ist für eine lebendige Beziehung. Kinder oder Kinderwunsch kein Hindernis. Ich freue mich auf deinen Brief …

Durch diese Anzeige hatte Hannes mehr von sich preisgegeben, als wir bisher von ihm wussten. Ich war echt beeindruckt. Dieser so ruhig wirkende Mann fuhr Motorrad und ging auf Rockkonzerte? Was sammelte er wohl? Und wohin gingen seine Reisen? Dass er ein Haus hatte, wusste ich auch noch nicht. Und Golf? So einen elitären Sport hätte ich ihm gar nicht zugetraut. Offenbar gab es einiges, das ich noch nicht von ihm wusste.

Hannes fuhr fort: »Also, ich habe 58 Briefe erhalten und fühlte mich natürlich sehr geehrt – bis ich alle gelesen hatte. Da waren schon manche Überraschungen dabei. Zur besseren Anschauung drücke ich es mal in Prozentzahlen aus.«

Da kam wohl der Ingenieur durch.

»Also, 45 Prozent der Interessentinnen waren absolut unsportlich – eine schrieb sogar: ›Wenn du unbedingt deinen Sport weitermachen möchtest, dann ohne mich.‹

30 Prozent der Briefe waren fast unleserlich, entweder wegen der Rechtschreibung oder weil das Ringbuchpapier schon steinalt war.

15 Prozent meckerten wegen des Motorrads. ›Da würde ich mich nie draufsetzen, außerdem würde ich darauf bestehen, dass du damit aufhörst, das ist viel zu gefährlich!‹, schrieb eine.

17 Prozent fragten, ob ich mit der gefühlsbetonten Frau ein Hausmütterchen meinte. Eine Kandidatin war gleich wütend geworden: ›Ich bin emanzipiert und lasse mich auf das Niveau nicht hinab.‹ Ähnliches musste ich mir wegen meines Wunsches nach einer attraktiven Frau anhören.

60 Prozent mokierten sich über meinen Ausdruck ›beruflich engagiert‹. ›Wenn du keine Zeit für eine Frau hast, solltest du dir überlegen, ob du eine Beziehung eingehen willst‹, las ich.

70 Prozent der Frauen machte der Satz ›Kinder oder Kinderwunsch kein Hindernis‹ misstrauisch. Warum ich das erwähnte, wurde ich in den Briefen oft gefragt. Dabei finde ich diesen Aspekt doch sehr wichtig.

Ich habe die Briefe dann ganz systematisch auf vier Stapel verteilt. Der erste Stapel – ›Kommt gar nicht in Frage‹ – war leider der größte. ›Gutes Foto, aber Inhalt zweifelhaft‹ lautete der zweite Stapel, der dritte ›Schlechtes Foto – Inhalt in Ordnung‹. Am kleinsten war der vierte Stapel: ›Brief sehr ansprechend, leider kein Foto‹.

Dann stellte sich die nächste große Frage: Wen rufe ich zuerst an?

Ich habe mit dem zweiten Stapel angefangen. Wir Männer sind eben doch visuell geprägt. Wenn eine attraktive Frau einen Brief mit konfusem Inhalt schreibt, geht ›Mann‹ gerne davon aus, dass es ihr vielleicht gerade nicht so gut geht«, sagte er schmunzelnd.

»Wenn ich ehrlich bin, ich hatte Herzklopfen, als ich den Hörer in die Hand nahm und die Nummer der ersten Kandidatin anrief. Als sie abhob, meldete ich mich höflich:

›Hallo, hier ist Hannes, du hast auf meine Anzeige geantwortet.‹

›Ach ja? Hatte gar nicht damit gerechnet, dass du anrufst. Welche Anzeige war das noch gleich?‹, kam als Antwort.

›Ich bin der, der Motorrad fährt, gerne reist, klassische Musik mag und Rockkonzerte, der …‹

›Schon gut, ich glaube, ich weiß jetzt, wer. Hast du noch keine gefunden?‹

›Du bist die Erste, die ich anrufe. Sag mir doch bitte deinen Namen, damit ich dich ansprechen kann.‹

›Auf gar keinen Fall‹, wurde sie gleich ruppig. ›Ich kenne dich doch gar nicht. Vielleicht bist du so ein Irrer, der mich dann verfolgt!‹

Könnt ihr euch vorstellen, wie ich mir vorkam? Ich habe das Gespräch dann sehr schnell beendet, das hätte ja eh nichts gebracht. Nach dem ersten Schreck habe ich aber gleich weitergemacht und mir vorgenommen, alle 15 Damen anzurufen, egal, was passiert.

Bei den meisten Gesprächen wurde ich regelrecht mit Fragen bombardiert: ›Wer bist du? Ich auf eine Anzeige geschrieben? Ach ja. Jetzt erinnere ich mich.‹ – ›Was machst du genau beruflich, wie groß ist dein Haus, hast du ein eigenes Geschäft, kannst du dir Golfen leisten, musst du viel an deine Ex bezahlen?‹ – ›Suchst du eine Hausfrau, willst du unbedingt Kinder, muss das sein mit dem vielen Sport?‹ – ›Nein, ich bin nicht gerne berufstätig, was meinst du eigentlich mit anspruchsvoller Frau, gehst du gerne einkaufen oder so?‹ – ›Wie oft hast du denn schon eine Anzeige aufgegeben? Ich antworte seit Monaten auf Anzeigen, aber selber inserieren ist mir zu teuer. Da antworten sowieso nur komische Typen.‹ – ›Ich habe Kinder und verlange von meinem zukünftigen Partner, dass er sich voll engagiert, als wären es die eigenen, mit allem Drum und Dran.‹

Es war nicht gerade einfach, nach so einem Telefonat die Nächste anzurufen und ihr das Gefühl zu geben, als wäre sie die Erste. Aber dann, nach unzähligen Telefonaten, hatte ich ein echtes Highlight.

›Hallo, hier ist Hannes!‹, meldete ich mich wieder.

›Hallo! Ich heiße Anne. Schön, dass du anrufst. Wie geht es dir?‹

Ich war überrascht. ›Danke, gut, es war ein ereignisreicher Tag heute.‹

›Ja, bei mir war auch die Hölle los. Ich arbeite in einer Computerfirma als Informatikerin und mir war, als würden alle PCs heute den Geist aufgeben. Dann musste ich noch meine Mutter anrufen und ihr sagen, dass sie meine fünfjährige Tochter aus dem Kindergarten abholen muss. Jetzt liegt die Kleine im Bett und schläft.‹

Wie sympathisch sie wirkte, als sie mir von ihrem Leben erzählte.

›Trinken wir am Telefon einen Wein zusammen?‹, schlug ich vor. Das haben wir dann gemacht. Zwei Stunden mit einer Frau zu reden, die man nicht kennt, ist schon phänomenal. Ich war begeistert von ihr. Wir treffen uns leider erst in zwei Wochen. Sie fährt nämlich übermorgen in den Urlaub.

Mit zwei anderen habe ich mich diese Woche schon getroffen.« Er machte eine kurze Pause und stärkte sich mit einem Schluck Wein.

»Die Erste war Natalie. Sie hatte sich als eine aufgeschlossene, schlanke, sportliche Erscheinung beschrieben. Wir hatten ebenfalls lange telefoniert. Eine wirklich humorvolle, intelligente Frau. Sie reist auch sehr gerne, ist naturverbunden und kann sich auch vorstellen, auf einem Motorrad zu sitzen, obwohl sie es noch nie gemacht hat. Am Morgen nach unserem Telefonat rief sie mich an, um mir einen schönen Tag zu wünschen. Das hat mir gut gefallen, es fühlte sich persönlich an, nicht mehr so fremd. Wir verabredeten uns für den Abend zum Essen, und ich freute mich den ganzen Tag darauf. Obwohl ich zugeben muss, dass mich ein bisschen das schlechte Gewissen geplagt hat wegen Anne. Ich bin also extra früher von der Arbeit nach Hause gegangen, habe geduscht, eine Rose gekauft« – er war wirklich ein Kavalier! – »und bin zum

Restaurant gefahren. Natalie war noch nicht da, also setzte ich mich an die Bar, um einen Aperitif zu nehmen. Dann kam sie. Der Kellner brachte sie zu mir und – ich dachte nur: In welchem Loch kann ich schnell verschwinden?«

Wir redeten alle durcheinander: »Was war denn, hatte sie Pickel? War sie schlecht angezogen, hatte sie grüne Haare, einen Buckel, hatte sie eine Katze auf der Schulter? Nein, sie saß sicher auf einem Besen ... Erzähl schon, was war denn?«

»Sie war dick!«

Wir drei Frauen riefen empört wie aus einem Munde: »Na und? Sei nicht so oberflächlich. Was ist denn schon dabei? Ihr Männer seid aber auch pingelig, so ein bisschen vollschlank, hatte sie denn ein hübsches Gesicht? Außerdem hast du doch gesagt, sie ist sehr nett. Man darf nicht so festgelegt sein!«

»Ruhe!« Mike ergriff das Wort. »Hannes, sag uns, wie dick war sie denn?«

Hannes schaute uns an, blies seine Wangen auf, die Augen quollen ihm fast heraus. Er stand auf und ließ seine Arme so weit sie reichten um seinen Körper kreisen.

»Oh, so dick sogar«, staunte Veronica.

»Säße sie mit mir auf meinem Motorrad, müsste sie allein fahren. Ich hätte keinen Platz mehr«, beeilte Hannes sich zu erklären.

Mike schaute ihn interessiert an: »Was hast du dann gemacht? Sie nach Hause geschickt? Das Treffen sofort abgebrochen?«

»Das hätte ich tatsächlich gerne gemacht«, antwortete er. »Aber dann kam wieder der Kellner und brachte uns an unseren Tisch. Ich hatte ja reserviert. Tja, und da saß sie nun vor mir, fröhlich, charmant, eine ausgesprochen intelligente und interessante Frau. Sie entsprach schon dem Eindruck, den ich am Telefon von ihr hatte. Abgesehen von ihrer Figur eben. Am Schluss fragte sie mich, ob wir uns wiedersehen würden. Da musste ich ihr die Wahrheit sagen.«

Wir Frauen riefen wieder aufgebracht: »Du hast ihr doch nicht gesagt, sie sei zu dick und du würdest sie deshalb nicht wiedersehen? Wie kannst du nur?«

»Nachdem ich ja nun festgestellt hatte, dass sie eine kluge Frau war, habe ich sie gefragt, was sie sich dabei gedacht habe, mir zu sagen, sie sei schlank. Ja, und wisst ihr, was ihre Antwort war?«

»Nein!«, brüllten alle.

»Sie sagte: ›Es liegt an dir, was ich für eine Figur habe. Wenn ich mich richtig in dich verliebe, der Sex gut ist, dann nehme ich automatisch 20 Kilo ab. Wenn du mich nicht glücklich machst, dann hast du weiterhin eine dicke Frau. Ich nehme dann vielleicht sogar zu. Gehen wir zu dir oder zu mir?‹«

Da waren sogar wir sprachlos.

Hannes redete weiter. »Ich habe ihr die Wahrheit gesagt, dass es für mich so nicht geht. Sie war sehr enttäuscht, aber ich auch. Wenn ich schon im Inserat darauf hinweise, dass ich eine schlanke Partnerin möchte, dann ist doch klar, dass ich keine dicke will. Wie soll ich mich denn noch ausdrücken, dass es verstanden wird? Ich habe ihr ein Taxi bestellt.«

Veronica sah ihn mitfühlend an: »Und du hast dich dann wirklich noch getraut, zum zweiten Blind Date zu gehen?«

»Ja, aber diesmal habe ich vorgesorgt«, antwortete er. »Ein langes Telefonat habe ich nicht mehr geführt, das bringt ja sowieso nichts, wie ich jetzt wusste. Und auch auf die ganze Prozedur mit essen gehen habe ich verzichtet. Stattdessen haben wir uns auf einen Feierabenddrink verabredet. Und das war auch gut so!

Sie kam angerauscht, im wahrsten Sinne des Wortes, und legte gleich los, ohne ein Wort der Begrüßung. Bombardierte mich mit Fragen, die Antworten wartete sie gar nicht erst ab, sondern hielt mir gleich einen Vortrag. Über Blind Dates, Kontaktanzeigen, über Männer im Allgemeinen – die alle blöd wären und nur Sex wollten – und dass das doch eh alles nicht funktionieren könnte. Auf einmal wollte sie von mir wissen: ›Willst du wieder heiraten?‹

›Ja, eigentlich schon!‹, antwortete ich ehrlich.

›Na gut, sehen wir uns morgen wieder?‹

›Morgen kann ich leider nicht. Ich muss beruflich für zwei Tage nach Paris, aber …‹

›Na toll‹, fiel sie mir ins Wort, ›spar dir das. Immer schön unverbindlich bleiben, nicht wahr? Aber nicht mit mir, darauf habe ich keine Lust.‹ Dann rauschte sie wieder ab und ließ mich verdutzt zurück. Eigentlich hatte ich vorschlagen wollen, dass wir uns Freitagabend treffen, wenn ich aus Paris zurück gewesen wäre. Aber wahrscheinlich war es besser so.«

Wir waren erneut sprachlos. Offenbar gab es immer mehr Leute, die sich gar nicht mehr erst die Mühe machten, jemanden kennenzulernen, weil ihre Vorurteile ihnen im Weg standen. Wo blieb denn bitte schön die Romantik oder zumindest die Illusion, dass dieses Date den Traumpartner bringen könnte? Warum waren viele Menschen schon so abgestumpft? Und warum antworteten sie dann auf Anzeigen, wenn sie sowieso nicht daran glaubten?

Mike griff nach einer Zeitung, die in der Bar auslag. Gemeinsam studierten wir die Kontaktanzeigen. Was sagten die Leute über sich, und was suchten sie? Über diese Sätze stolperten wir immer wieder:

»Sie haben es nicht nötig, auf solche Anzeigen zu antworten.« – »Sie lesen nur zufällig diese Anzeigen.« – »Sie antworten niemals auf solche Anzeigen. Aber dieses Mal sollten Sie es tun.« – »Bitte antworten Sie nur, wenn Sie noch nie auf solche Anzeigen reagiert haben.« – »Sie haben noch nie eine Anzeige aufgegeben und werden das auch nie tun.« – »Sie sollten kein Langzeitsingle sein.«

Was für ein schreckliches Wort!

Eines wurde uns schnell klar: Alle Inserenten, die diese Wünsche äußerten, waren Singles, die ständig auf Anzeigen antworteten oder selber welche aufgaben. Woher sollten sie sonst diese Erfahrungen haben? Zwangsläufig entsprachen sie selbst also den Personen, die sie nicht treffen wollten. Wie sollte das denn funktionieren?

Hannes hatte es genau richtig gemacht mit seiner Anzeige. Sie war ansprechend, originell, individuell und sehr präzise.

In meinem Herzen und in meinem Haus ist noch ein Platz frei.

Hört sich sehr liebevoll und einladend an.

Beruflich engagierter Mann …

Also ein ehrgeiziger, wahrscheinlich erfolgreicher Mensch, allerdings mit wenig Freizeit.

… von 42 Jahren möchte wieder das Wagnis der Liebe eingehen.

Der Absender war wahrscheinlich einmal sehr verliebt, ist geschieden oder getrennt lebend und glaubt trotzdem noch oder wieder an die große Liebe.

Ich bin ein sportlicher Typ, liebe Skifahren, Fitness, Golfen, Wassersport etc.

Hier muss man sich auf viel Bewegung einstellen, dieser Mann ist aktiv und mit Sicherheit kein Stubenhocker.

Musik höre ich von Klassik bis zum Rockkonzert, bin Kunstliebhaber, Sammler, reisefreudig und leidenschaftlicher Motorradfahrer.

Ein Mensch, der ausgesprochen vielseitig ist, nicht in Schablonen einzuordnen und mit einem Hang zum Unkonventionellen.

Ich freue mich auf eine intelligente, attraktive, gefühlsbetonte und anspruchsvolle Frau, die mit mir die Freizeit verbringt …

Er ist anspruchsvoll und sucht eine Frau, die zu ihm und zu seinem Leben passt. Die zukünftige Partnerin sollte sportlich und aktiv sein, da es für ihn ein wichtiger Aspekt in seinem Leben ist.

… und bereit ist für eine lebendige Beziehung.

Er hat seine vergangenen Beziehungen abgeschlossen und erwartet das auch von seiner Partnerin.

Kinder oder Kinderwunsch kein Hindernis.

Offen für alles, was eine Beziehung in diesem Alter mit sich bringt.

Ich freue mich auf deinen Brief …

Ein Mann, der die Leserin persönlich und vertraulich ansprechen möchte.

Wir waren alle überzeugt, dass Hannes' Anzeige super war. Die Frauenwelt aber war offenbar zu kompliziert und misstrauisch und traute Männern nicht mehr über den Weg. Wir waren gespannt auf das Date mit Anne. Und hofften, dass sie im Urlaub nicht jemanden kennenlernte.

»Und was würdest du nach diesen Erfahrungen sagen?«, wollte Steffis wissen. »Ist das eine gute Möglichkeit, eine Partnerin zu finden?«

»Ja, ich denke schon«, antwortete Hannes nach einer kurzen Überlegungspause. »Allerdings ist es auch ein Lernprozess. Wie gehe ich mit den Briefen und Telefonaten um, und wo treffe ich mich? Auf jeden Fall werde ich nie mehr ein Blind Date zum Essen einladen. Es ist mühsam, drei Stunden über die Runden zu bringen, wenn kein Interesse da ist.«

Wir stimmten ihm zu. Es war eine aufregende und sehr spannende Art, jemanden kennenzulernen. Und wer weiß, vielleicht würde sie Hannes ja noch die große Liebe bringen …

Kapitel 32

Die nächsten Wochen und Monate brachten einige Veränderungen mit sich. Alles begann damit, dass Veronica mir eines Tages offenbarte, dass sie Konstanz verlassen und zu Frank nach München ziehen wollte. Die Beziehung der beiden lief hervorragend, aber beide waren unzufrieden damit, dass sie sich nicht regelmäßig sehen konnten.

Es war ein schwerer Abschied, für uns beide, aber ich freute mich sehr für meine Freundin. Sie hatte so viel durchgemacht, und ich hatte sie nie so glücklich erlebt wie in den letzten Monaten.

Als ich sie ein paar Wochen später in München besuchte, überraschte sie mich mit einer weiteren Neuigkeit: Frank hatte ihr einen Antrag gemacht. Nun würde sie also endlich ihren Wunsch verwirklichen und richtig mit allem Drum und Dran und natürlich ganz in Weiß heiraten! Im darauffolgenden Sommer fand die Hochzeit statt, es war ein rauschendes Fest, und alle Freunde aus der Markusbar waren eingeladen.

Es war wirklich erstaunlich, was aus dieser Begegnung an der Tankstelle geworden war! Und es zeigte, dass manchmal auch Traumprinzen ihre Mühe hatten, die richtigen Worte zu finden, wenn sie eine Frau ansprechen wollten. Es war schließlich nicht leicht, lässig, souverän und unwiderstehlich zu wirken – dieses Problem haben nicht nur wir Frauen.

Ich war jetzt mittlerweile 38 Jahre alt, meine Tochter war sieben und mein Sohn neun. An meinem Status »versinglet« hatte sich leider nichts geändert.

Auch die Partnervermittlung blieb mir erhalten. Nach wie vor ist sie mein Traumberuf und großer Bestandteil meines Lebens.

Obwohl sich in den letzten Jahren auch hier einiges verändert hat. Die Nachfragen wurden ein bisschen weniger. Hatten wir früher pro Woche bis zu 60 Anrufe, waren es mittlerweile nur noch ungefähr 20. Die Klienten jedoch waren mehr als vorher bereit, etwas zu investieren, um ihren Partner zu finden.

Während früher einfach jeder auf jede Anzeige hin anrief, waren die Menschen mit der Zeit offenbar anspruchsvoller geworden und wussten genau, was sie wollten. Und natürlich auch, was nicht. Der anspruchsvolle Klient hatte für uns nur Vorteile. Er ging mit den Partnervorschlägen, die er bekam, sehr sorgfältig um und gab sich wirklich Mühe, den anderen richtig kennenzulernen. Wir hatten eine unglaublich hohe Quote zufriedener Männer und Frauen, die durch uns einen Partner fürs Leben fanden.

In Konstanz hatte gerade die fünfte Jahreszeit begonnen: Fastnacht. Von Donnerstag bis Mittwoch herrschte der Ausnahmezustand, auf den Straßen wurde gefeiert wie in Rio, nur dass es nicht ganz so warm war. An diesen Tagen hatte meine Agentur geschlossen, denn es war einfach »verboten« zu arbeiten. Am Donnerstagabend, wir nennen ihn in Konstanz den »schmotzige Dunstig«, rief mich Maggie an.

»Du bist tatsächlich zu Hause heute und noch dazu als Single? Warum bist du nicht in der Stadt?«, trällerte sie fröhlich ins Telefon.

Sie überredete mich, mit ihr in die Stadt zu fahren und ordentlich zu feiern. Und ich bereute es nicht: Die bunten Straßen waren voller Guggenmusiker, alle tanzten und freuten sich, die Stimmung war unglaublich. Maggie und ich quetschten uns in eine der vielen Altstadtkneipen und schlagartig wurde ich blind. Meine Brille war beschlagen.

»Kann ich dir beim Gucken helfen?«, brüllte mich eine freundliche Männerstimme gegen die Musik an.

»Wenn du kannst, schon«, brüllte ich fröhlich zurück.

Kurze Zeit später konnte ich ihn endlich richtig sehen. Und war wie vom Donner gerührt! Seine lachenden Augen trafen mich bis ins Herz. Ich hatte gerade meinen Deckel gefunden, es war Liebe auf den ersten Blick.

Jetzt bloß nichts falsch machen, dachte ich. Panik stieg in mir hoch. Ich versuchte, ganz locker zu wirken, und wir flirteten heftig miteinander. Am Ende des Abends fragte er, ob er mich am Samstag wiedersehen dürfe. Und was tat ich?

Ich machte auf unnahbar und befolgte den Rat vieler Frauenzeitschriften: »Sollte er Ihnen gefallen und Sie um ein Date bitten, bleiben Sie cool. Sagen Sie nicht sofort zu, sondern halten Sie ihn eine Woche hin. Schließlich haben Sie ja auch noch anderes zu tun, als auf ein Date mit ihm zu hoffen.«

Also sagte ich mit einem leicht geschäftigen Unterton: »Dieses Wochenende habe ich schon was vor. Nächsten Samstag ginge es vielleicht. Ruf mich einfach drei Stunden vorher an.«

Schon auf dem Weg nach Hause bereute ich meine Antwort bitterlich. Nicht einmal seine Telefonnummer hatte ich mir geben lassen. »Nein, die brauche ich nicht«, hatte ich ganz lässig gesagt. »Du kannst dich ja bei mir melden.« Dabei bin ich doch in diesen Dingen überhaupt kein bisschen cool! Maggie musste mir daraufhin tagelang bestätigen, dass er ganz bestimmt anrufen würde. Und er tat es tatsächlich. Allerdings ließ er sich eine ganze Woche Zeit, bis Jörg sich bei mir meldete. Eine Woche kann sehr lang sein …

Unser erstes Date verlief chaotisch. Das Restaurant, in dem wir verabredet waren, hatte geschlossen. Also wartete ich in klirrender Kälte vor der Tür auf ihn. Als er mit ein wenig Verspätung endlich vor mir stand, erkannte ich ihn nicht sofort, weil er ja an Fastnacht verkleidet gewesen war – als Arzt.

Ich kannte ihn mit grauen längeren Haaren, Brille und heller Schminke. Vor mir stand nun ein Mann mit kurzen, dunklen Haaren, der zehn Jahre jünger aussah. Ich überlegte schon, ob er wohl einen Freund geschickt hatte, aber es stellte sich schnell heraus, dass dem nicht so war. Trotzdem, war das ein steifes Treffen! Die fröhliche und ausgelassene Fastnachtstimmung, die uns das Flirten leicht gemacht hatte, war natürlich weg.

Nach drei Stunden dachte ich darüber nach zu gehen. Jörg hingegen dachte daran, mich zu küssen, und tat es auch. Nach diesem Kuss schwebte ich im siebten Himmel. Ich konnte es kaum glauben. Da wartet man jahrelang auf den Prinzen, und auf einmal steht er vor einem!

Vier Wochen später stellte ich ihn meinen Kindern vor, sie liebten ihn! Er erfüllte alle Eigenschaften meines Traummanns, es war also doch gut gewesen, ihn zu visualisieren. Ein halbes Jahr später zogen wir zusammen. Und wieder einmal bestätigte sich: Das Klischee, dass Fastnachtsflirts nicht von Dauer sein können, trifft nicht zu. Also, auch an verrückten Tagen die Augen nicht verschließen!

Kapitel 33

Hannes hatte Jörg und mich und natürlich den Rest der Markusbar-Clique zu einer großen Geburtstagparty eingeladen. Alle hatten zugesagt, und ich freute mich riesig auf das Wiedersehen. Mittlerweile hatten wir uns durch neue Beziehungen und berufliche Änderungen in alle Winde verstreut, so dass wir uns nur noch selten sahen.

Vor allem freute ich mich natürlich, nach langem auch endlich Veronica wiederzusehen. Ich vermisste sie sehr, auch wenn wir regelmäßigen Kontakt hatten. Als ich sie sah, war ich sprachlos: Sie sah mindestens zehn Jahre jünger aus. Die Ehe bekam ihr offensichtlich gut.

Mike, unser schöner Galerist, hatte sich mittlerweile zu seiner Homosexualität bekannt und war gemeinsam mit seinem neuen Lebensgefährten gekommen.

Steffis, der Zahnarzt, den Veronica damals mitgebracht hatte, war mit einer meiner Klientinnen zusammen. Es hatte etwas gedauert, bis ich ihn überreden konnte, sich mit ihr zu treffen. Er hatte partout nichts von einer »organisierten Partnerschaft« wissen wollen. An diesem Abend jedoch schwor er mir lebenslange Dankbarkeit für meine Überredungskünste.

Auch Maggie war da – als Einzige ohne Begleiter. Aber Maggie wäre nicht Maggie gewesen, wenn sie nicht einen trockenen Kommentar dazu losgelassen hätte. Sie war wirklich einmalig. Ich war mir sicher, dass auch sie bald jemanden finden würde, der es mit ihr und ihrem Temperament aufnehmen konnte.

Im Laufe des Abends erzählte ich von dem neuen Angebot unserer Agentur, das wir »Mens Help« nannten. Wir veranstalteten Seminare und berieten Männer, wie sie eine Frau ansprechen und bei Rendezvous eine gute Figur abgeben konnten. Der Erfolg war enorm! Wir waren selbst erstaunt, wie viele Männer unser Angebot dankbar annahmen. Viele von ihnen waren verunsichert und wussten nicht, wie sie sich uns Frauen gegenüber verhalten sollten. Man konnte es ihnen auch nicht verübeln.

Zuerst hatten wir Frauen uns jahrelang einen Macho gewünscht und erwartet, dass alle Männer zu »harten Kerlen« würden. Doch schnell traten die Schattenseiten zutage: Sie hielten uns die Türen nicht auf, trugen den Müll nicht runter, konnten nicht kochen, schliefen nach dem Sex ein, waren gefühllos und verstanden uns Frauen überhaupt nicht. Miteinander reden war unvorstellbar. Frauen sollten zu Hause bleiben, die Kinder erziehen und darauf warten, dass er abends nach Hause käme.

Davon hatten wir bald die Nase voll. Wir wollten auch arbeiten gehen und dafür Geld bekommen, und zwar genauso viel wie der Mann. Das ist ja auch nur gerecht. Aber nachdem wir jahrelang um Gleichberechtigung gekämpft hatten, verstanden wir uns auf einmal selbst und auch die Männer nicht mehr.

Wer war dieser neue Mann, der da nun vor uns stand? Ein gefühlsbetonter, weinender, kochender Baumwollsachenliebhaber, der ständig fragte, ob wir ein Problem hätten und darüber reden wollten. Auch dieser Mann hielt uns die Tür nicht auf – aus Rücksicht darauf, dass wir das ja schließlich selbst konnten. Genauso wie unseren Koffer tragen, Steuererklärungen machen, das Dach decken und die Reifen wechseln. Auch zum Essen wurden wir nicht mehr eingeladen – das wäre schließlich eine Unterstellung gewesen, dass wir uns nicht selbst ernähren konnten. Aber welche Frau wollte schon einen Mann, der sie regelmäßig nach dem Sex mit einem Nachspiel quälte? Wir hatten mittlerweile herausgefunden, wie schön es ist, danach einfach nur gemütlich in seinen starken Armen zu liegen.

Also war auch der angelernte Softie schnell out. Der arme neue Mann sitzt nun zwischen allen Stühlen und hat keine Ahnung mehr, wie er sich verhalten soll.

Um der Emanzipation nicht in den Rücken zu fallen, bieten wir unseren Service auch den Damen an, also »Womens Help«. Denn nicht nur die Männer stehen oft konfus vor einem neuen Date und einer neuen Beziehung.

Es ist immer wieder eine Freude zu erleben, wie schnell unsere Klienten, die durch diese Schule gegangen sind, einen neuen Partner gefunden haben. Es sind tatsächlich die Kleinigkeiten des Lebens, die es uns leichter machen.

Ja, und dann gibt es mittlerweile auch eine neue Plattform der Partnersuche: das Internet. Am Anfang war die Reaktion darauf noch sehr verhalten, doch bald zog es immer weitere Kreise, und viele Partnersuchende suchen nun in unzähligen Online-Börsen ihr Glück. Doch immer häufiger höre ich von meinen Klienten, dass ihre Begeisterung hinsichtlich des Internet-Datings nachlässt. Was sich zuerst als die größte Kommunikationsmöglichkeit darstellte, artete für ernsthaft Suchende oft in große Enttäuschungen aus.

Im Zeitalter von Handys und mehreren E-Mail-Adressen kann einfach jeder mitmachen, verheiratete Männer oder

Frauen, Abenteurer, eben die ganze Bandbreite an Menschen und Neigungen. Für ernsthaft interessierte Partnersuchende bedarf es oft stunden- oder gar tagelangen Surfens, bis endlich ein persönlicher Kontakt zustande kommt.

Ich bin also sicher, dass es trotz des neuen Zeitalters die Partnervermittlungen weiterhin geben wird. Anders als früher und trotzdem gleich. Eine schöne Arbeit, mit neuen Anforderungen und Klienten mit anspruchsvollen Wünschen. Wir haben es uns zur Aufgabe gemacht, sie zu erfüllen.

Schlusswort

Ich möchte dieses Buch gerne mit ein paar kleinen Ratschlägen beenden, die auf meinen persönlichen Erfahrungen, aber auch auf meinen Erlebnissen mit Tausenden von Kunden beruhen:

Haben Sie einen Partner, mit dem Sie nicht mehr so ganz glücklich sind? Versuchen Sie, gemeinsam mit ihm Ihre Beziehung zu retten. Es ist nicht immer die beste Entscheidung, ihn zu verlassen. Und bedenken Sie: Ein anderer Partner hat oft nur andere Fehler.

Sind Sie Single und möchten wieder eine glückliche Beziehung eingehen? Dann haben Sie einen spannenden Weg vor sich. Beim Lesen der Geschichten meiner Klienten und Freunde habe ich Ihnen indirekt viele erprobte Ratschläge mitgegeben. Und – ganz wichtig – denken Sie bei Ihrer Suche immer an eines:

Es gibt ihn schon, Ihren Traumpartner,
Sie müssen ihn nur noch finden!

Also, suchen Sie Ihr Glück, meine lieben Leserinnen und Leser. Es wird klappen, ganz bestimmt. Die Liebe findet jeden!

Désirée Wünsche

Das große Liebesorakel

Was die Karten über Liebe,
Lust und den Mann fürs Leben verraten

Ist der attraktive Nachbar nur ein Kandidat für eine romantische Nacht – oder könnte daraus mehr werden? Wie kann »frau« es vermeiden, immer wieder auf den Falschen hereinzufallen? Und warum entpuppen leidenschaftliche Herzensbrecher sich so oft als langweilige Muttersöhnchen? Das große Liebesorakel kennt die Antworten auf alle Fragen rund um Liebe, Lust und Leidenschaft. Aufschlussreich und mit jeder Menge Humor verrät es, wie wir unsere Beziehung aufregender gestalten oder uns endlich den lange umschmachteten Traumprinzen angeln können. Und natürlich wissen die Karten, was die Zukunft in Sachen Liebe und Erotik sonst noch für uns bereithält …

Knaur Taschenbuch Verlag

Vom Autorenpaar des Nr.-1-Bestsellers
»simplify your life!«

Marion und Werner Tiki Küstenmacher

simplify your love!

Gemeinsam einfacher
und glücklicher leben

Begleiten Sie die Küstenmachers auf ihrer Reise durch das Königreich der Liebe, und entdecken Sie, wie Sie mit Hilfe einer Fülle erprobter und praktischer Tipps gemeinsam einfacher und glücklicher leben können.

In diesem sympathischen Wegweiser durch den Beziehungsalltag erfahren Sie

- wie Sie den Partner fürs Leben finden
- wie aus Verliebtheit tiefe Verbundenheit wird
- wie Sie sich im Alltag als Paar bewähren
- wie Sie gemeinsam Krisen überstehen
- wie Sie Ihre Beziehung immer wieder neu erfinden

Die erfolgreiche und bewährte »simplify-Methode« für mehr Glück und Harmonie in der Partnerschaft!

Knaur Taschenbuch Verlag